William Shakespeare
König Lear

Übersetzt von Wolf Heinrich Graf Baudissin
Herausgegeben von Dietrich Klose

Reclam

Englischer Originaltitel: The Tragedy of King Lear

RECLAMS UNIVERSAL-BIBLIOTHEK Nr. 13
1950, 2014 Philipp Reclam jun. GmbH & Co. KG,
Siemensstraße 32, 71254 Ditzingen
Gestaltung: Cornelia Feyll, Friedrich Forssman
Druck und Bindung: Kösel GmbH & Co. KG,
Am Buchweg 1, 87452 Altusried-Krugzell
Printed in Germany 2019
RECLAM, UNIVERSAL-BIBLIOTHEK und
RECLAMS UNIVERSAL-BIBLIOTHEK sind eingetragene Marken
der Philipp Reclam jun. GmbH & Co. KG, Stuttgart
ISBN 978-3-15-000013-7
www.reclam.de

Die Tragödie von König Lear

Personen

LEAR, *König von Britannien*
König von Frankreich
Herzog von Burgund
Herzog von Cornwall
Herzog von Albanien
Graf von Gloster
Graf von Kent
EDGAR, *Glosters Sohn*
EDMUND, *Glosters Bastard*
CURAN, *ein Höfling*
Ein Arzt
Der Narr
OSWALD, *Gonerils Haushofmeister*
Ein Hauptmann
Ein Edelmann im Gefolge der Cordelia
Ein Herold
Ein alter Mann, Glosters Pächter
Bediente von Cornwall

GONERIL
REGAN } *Lears Töchter*
CORDELIA

Ritter im Gefolge des Königs, Offiziere, Boten, Soldaten und Gefolge

Die Szene ist in Britannien

Erster Akt

Erste Szene

König Lears Palast.
(Kent, Gloster und Edmund.)

KENT. Ich dachte, der König sei dem Herzog von Albanien gewogener als dem von Cornwall.

GLOSTER. So schien es uns immer; doch jetzt, bei der Teilung des Reichs, zeigt sich's nicht, welchen der beiden Herzoge er höher schätzt. Denn so gleichmäßig sind die Teile abgewogen, dass die genaueste Forschung selbst sich für keine der Hälften entscheiden könnte.

KENT. Ist das nicht Euer Sohn, Mylord?

GLOSTER. Seine Erziehung ist mir zur Last gefallen: ich musste so oft erröten, ihn anzuerkennen, dass ich nun dagegen gestählt bin.

KENT. Ich verstehe Euch nicht.

GLOSTER. Seine Mutter und ich verstanden uns nur zu gut,[1] und dies Einverständnis verschaffte ihr früher einen Sohn für ihre Wiege, als einen Mann für ihr Bett. Merkt Ihr was von einem Fehltritt?

KENT. Ich kann den Fehltritt nicht ungeschehen wünschen, da der Erfolg davon so anmutig ist.

GLOSTER. Doch habe ich auch einen rechtmäßigen Sohn, einige Jahre älter[2] als dieser, den ich aber darum nicht hö-

---

1 Es folgt: *whereupon she grew round-womb'd* (worauf sich ihr Bauch rundete).
2 *some year* (etwa ein Jahr).

her schätze. Obgleich dieser Schelm etwas vorwitzig in die Welt kam, eh' er gerufen ward, so war doch seine Mutter schön, es ging lustig her bei seinem Entstehen, und der Bankert durfte nicht verleugnet werden. Kennst du diesen edeln Herrn, Edmund?

EDMUND. Nein, Mylord.

GLOSTER. Mylord von Kent: gedenke sein hinfort als meines geehrten Freundes.

EDMUND. Mein Dienst sei Euer Gnaden gewidmet.

KENT. Ich muss Euch lieben, und bitte um Eure nähere Bekanntschaft.

EDMUND. Ich werde sie zu verdienen suchen.

GLOSTER. Er war neun Jahre im Auslande, und soll wieder fort. Der König kommt!
(Man hört Trompeten.)
(König Lear, Cornwall, Albanien, Goneril, Regan, Cordelia und Gefolge treten auf.)

LEAR. Führt ein die Herrn von Frankreich und Burgund, Gloster!

GLOSTER.   Sehr wohl, mein König!
(Gloster und Edmund ab.)

LEAR. Derweil enthülln wir den verschwiegnen Vorsatz.
Die Karte dort! – Wisst, dass wir unser Reich
Geteilt in Drei. 's ist unser fester Schluss,
Von unserm Alter Sorg' und Müh' zu schütteln,
Sie jüngrer Kraft vertrauend, während wir
Zum Grab entbürdet wanken. Sohn von Cornwall,
Und Ihr gleich sehr geliebter Sohn Albanien,
Wir sind jetzund gewillt, bekannt zu machen
Der Töchter festbeschiedne Mitgift, dass
Wir künftgem Streite so begegnen. –

Die Fürsten Frankreich und Burgund, erhabne
Mitwerber um der jüngern[3] Tochter Gunst,
Verweilten lange hier in Liebeswerbung
Und harrn auf Antwort. – Sagt mir, meine Töchter
(Da wir uns jetzt entäußern der Regierung,
Des Landbesitzes und der Staatsgeschäfte), –
Welche von euch liebt uns nun wohl am meisten?
Dass wir die reichste Gabe spenden, wo
Verdienst sie und Natur heischt. Goneril,
Du Erstgeborne, sprich zuerst!

GONERIL.   Mein Vater,
Mehr lieb ich Euch, als Worte je umfassen,
Weit inniger als Licht und Luft und Freiheit,
Weit mehr, als was für reich und selten gilt,
Wie Schmuck des Lebens, Wohlsein, Schönheit, Ehre,
Wie je ein Kind geliebt, ein Vater Liebe fand.
Der Atem dünkt mich arm, die Sprache stumm,
Weit mehr, als alles das, lieb ich Euch noch.

CORDELIA *(beiseit)*.
Was sagt Cordelia nun? Sie liebt und schweigt.

LEAR. All dies Gebiet, von dem zu jenem Strich,
An schatt'gen Forsten und Gefilden reich,
An vollen Strömen und weit grünen Triften,
Beherrsche du: dir und Albaniens Stamm
Sei dies auf ewig. Was sagt unsre zweite Tochter
Die teure Regan, Cornwalls Gattin? Sprich!

REGAN. Ich bin vom selben Stoff wie meine Schwester
Und schätze mich ihr gleich. Mein treues Herz
Fühlt, all mein Lieben hat sie Euch genannt;

---

3 *youngest* (jüngste), so auch später S. 10, 12.

Nur bleibt sie noch zurück: denn ich erkläre
Mich als die Feindin jeder andern Lust,
Die in der Sinne reichstem Umkreis wohnt,
Und fühl in Eurer teuren Hoheit Liebe
Mein einzig Glück.

CORDELIA *(beiseit.)* Arme Cordelia dann! –
Und doch nicht arm; denn meine Lieb', ich weiß,
Wiegt schwerer als mein Wort.

LEAR. Dir und den Deinen bleib als Erb' auf immer
Dies zweite Drittteil unsers schönen Reichs,
An Umfang, Wert und Anmut minder nicht,
Als was ich Gon'ril gab. Nun unsre Freude,
Du jüngste, nicht geringste, deren Liebe
Die Weine Frankreichs und die Milch Burgunds
Nachstreben; was sagst du, dir zu gewinnen
Ein reichres Drittteil, als die Schwestern? Sprich!

CORDELIA. Nichts, gnäd'ger Herr!

LEAR. Nichts?

CORDELIA. Nichts.

LEAR.
Aus nichts kann nichts entstehn: sprich noch einmal.

CORDELIA. Ich Unglücksel'ge, ich kann nicht mein Herz
Auf meine Lippen heben; ich lieb Eur' Hoheit,
Wie's meiner Pflicht geziemt, nicht mehr, nicht
minder.

LEAR. Wie? Wie? Cordelia! Bessre deine Rede,
Sonst schadst du deinem Glück.

CORDELIA. Mein teurer Herr,
Ihr zeugtet, pflegtet, liebtet mich; und ich
Erwidr' Euch diese Wohltat, wie ich muss,
Gehorch Euch, lieb Euch und verehr Euch hoch.

Wozu den Schwestern Männer, wenn sie sagen,
Sie lieben Euch nur? Würd' ich je vermählt,
So folgt dem Mann, der meinen Schwur empfing,
Halb meine Treu', halb meine Lieb' und Pflicht.
Gewiss, nie werd ich frein wie meine Schwestern,
Den Vater nur allein zu lieben.

LEAR. Und kommt dir das von Herzen?

CORDELIA.   Ja, mein Vater!

LEAR. So jung und so unzärtlich?

CORDELIA. So jung, mein Vater, und so wahr.

LEAR. Sei's drum. Nimm deine Wahrheit dann zur Mitgift:
Denn bei der Sonne heilgem Strahlenkreis,
Bei Hekates Verderben[4], und der Nacht,
Bei allen Kräften der Planetenbahn,
Durch die wir leben und dem Tod verfallen,
Sag ich mich los hier aller Vaterpflicht,
Aller Gemeinsamkeit und Blutsverwandtschaft,
Und wie ein Fremdling meiner Brust und mir
Sei du von jetzt auf ewig. Der rohe Skythe,
Ja der die eignen Kinder macht zum Fraß,
Zu sätt'gen seine Gier, soll meinem Herzen
So nah stehn, gleichen Trost und Mitleid finden,
Als du, mein weiland Kind.

KENT.   O edler König!

LEAR. Schweig, Kent!
Tritt zwischen den Drachen nicht und seinen Grimm;
Sie war mein Liebling, und ich hofft' auf Trost[5]

---

4 *mysteries* (Mysterien).
5 *rest*, in der doppelten Bedeutung von 1. Ausruhen, 2. Rest des
  Lebens.

Von ihrer sanften Pflege. Fort! mir aus den Augen! –
Sei Friede so mein Grab, als ich von ihr
Mein Vaterherz losreiße. – Ruft mir Frankreich!
Wer rührt sich? Ruft Burgund! – Ihr, Cornwall und
           Albanien,
Zu meiner Töchter Mitgift schlagt dies Drittteil. –
Stolz, den sie Gradheit nennt, vermähle sie!
Euch beide kleid ich hier in meine Macht,
Vorrang der Würd' und allerhöchsten Glanz,
Der Majestät umgibt. Wir, nach der Monde Lauf,
Mit Vorbehalt allein von hundert Rittern,
Die ihr erhaltet, wohnen dann bei euch,
Nach Ordnung wechselnd. Wir bewahren nur
Den Namen und des Königs Ehrenrecht; –
Die Macht,
Verwaltung, Rent' und alle Staatsgewalt,
Geliebte Söhn', ist euer. Des zum Zeugnis
Teilt diesen goldnen Reif.

KENT.   Erhabner Lear,
Den ich als meinen König stets geehrt,
Geliebt als Vater und als Herrn begleitet,
Als höchsten Hort einschloss in mein Gebet, –

LEAR. Der Bogen ist gespannt, entflieh dem Pfeil! –

KENT. Er falle nur, ob auch die Spitze
Ins Herz mir bohrt. Sei Kent nur ohne Sitte,
Wenn Lear verrückt. Was tust du, alter Mann?
Meinst du, dass Pflicht zu reden scheut, weil Macht
Zum Schmeicheln sinkt? – Die Ehre fordert Gradheit,
Wenn Kön'ge töricht werden. Bleibe Herrscher,
Und mit der besten Überlegung hemme
Die frevle Eil. Mit meinem Leben bürg ich,

Die jüngre Tochter liebt dich minder nicht
Noch ist der ohne Herz, des schwacher Klang
Nicht Hohlheit widertönt.

LEAR. Schweig, Kent, bei deinem Leben.

KENT. Mein Leben galt mir stets nur als ein Pfand
Zu wagen gegen deinen Feind; gern opfr' ich's
Für deine Wohlfahrt.

LEAR.   Aus den Augen mir!

KENT. Sieh besser, Lear, und lass mich immer bleiben
Den Zielpunkt deines Auges.

LEAR. Nun beim Apoll! –

KENT.   Nun beim Apollo, König,
Du rufst vergeblich deine Götter an.

LEAR. O Sklav'! – Abtrünn'ger!
   (Legt die Hand ans Schwert.)

ALBANIEN *und* CORNWALL.   Teurer Herr, lass[t] ab! –

KENT. Tu's, töte deinen Arzt und gib den Lohn
Der schnöden Krankheit. Nimm zurück die
                              Schenkung,
Sonst, bis der Kehle Kraft versagt zu schrein,
Sag ich dir, du tust Unrecht.

LEAR.   Höre mich,
Rebell, bei deiner Lehnspflicht, höre mich!
Weil du zum Wortbruch uns verleiten wolltest
(Den wir noch nie gewagt), und stolz verwegen
Dich drängtest zwischen unsern Spruch und Thron
(Was unser Blut und Rang nicht dulden darf),
Sprech ich als Herrscher jetzt, – nimm deinen Lohn.
Fünf Tage gönnen wir, dich zu versehn
Mit Schirmung vor des Lebens Ungemach:
Am sechsten kehrst du den verhassten Rücken

Dem Königreich, und weilt am zehnten Tag
In unserm Lande dein verbannter Leib,
So ist's dein Tod. Hinweg! Bei Jupiter,
Dies widerruf ich nicht.

KENT. So leb denn wohl, Fürst. Zeigst du so dich, Lear,
Lebt Freiheit auswärts und Verbannung hier.
Dir, Jungfrau, sei'n die Götter mächt'ger Hort,
Die richtig denkt und sprach das rechte Wort.
Eu'r breites Reden sei durch Tat bewährt,
Dass Liebeswort willkommne Frucht gebärt,
Fahrt wohl, ihr Fürsten all': Kent muss von hinnen,
Im neuen Land ein Schicksal zu gewinnen.[6]
(Er geht ab.)
*(Gloster kommt zurück mit Frankreich, Burgund und
Gefolge.)*

GLOSTER.
Hier sind Burgund und Frankreich, hoher Herr!

LEAR. Fürst von Burgund,
Zu Euch erst sprech ich, der mit diesem König
Um unsre Tochter warb. Was als das Mindste
Erwartet Ihr als Mitgift, oder steht
Von Euerm Antrag ab?

BURGUND.   Erhabner König,
Mir g'nügt, was Ihr freiwillig habt geboten,
Und minder gebt Ihr nicht.

LEAR.   Mein würd'ger Herzog,
Als sie uns wert war, schätzten wir sie so;
Nun ist ihr Preis gesunken. Seht, da steht sie:
Wenn etwas an der kleinen, schmucken Larve

6 *He'll shape his old course* (Er wird seinen alten Weg gehen).

Oder sie ganz mit unserm Zorn dazu,
Und weiter nichts, Eur' Hoheit noch gefällt,
So nehmt sie, sie ist Eu'r.

BURGUND.   Mir fehlt die Antwort.

LEAR. Herr!
Wollt Ihr mit allen Mängeln, die ihr eigen,
Freundlos und neuverschwistert unserm Hass,
Zur Mitgift Fluch, durch Schwur von uns entfremdet,
Sie nehmen oder lassen?

BURGUND.   Herr, verzeiht,
Mit der Bedingung endigt jede Wahl.

LEAR. So lasst sie; bei der Macht, die mich erschuf,
Ich nannt' Euch all ihr Gut. *(Zu Frankreich.)* Ihr,
                 großer König, –
Nicht so weit möcht ich Eurer Lieb' entwandern,
Euch zu vermählen, wo ich hasse. Lenkt
Zu besserm Ziel, ich bitt Euch, Eure Wünsche,
Als auf dies Wesen, das Natur errötet
Anzuerkennen.

FRANKREICH.   Wahrlich, dies ist seltsam! –
Dass sie, die eben noch Eu'r Kleinod war,
Der Inhalt Eures Lobs, Balsam des Alters,
Eu'r Bestes, Teuerstes, in diesem Nu
So Unerhörtes tat, ganz zu zerreißen
Solch reichgewebte Gunst. Traun, ihr Vergehn
Muss unnatürlich, ungeheuer sein,
Oder die Liebe, deren Ihr Euch rühmtet,
Ist tadelnswert. So schlimm von ihr zu denken,
Heischt Glauben, wie Vernunft ihn ohne Wunder
Mir nimmer einimpft.

CORDELIA.   Dennoch bitt ich, Herr

(Ermangl' ich auch der schlüpfrig glatten Kunst,
Zu reden nur zum Schein: denn, was ich ernstlich will,
Vollbring ich, eh' ich's sage), dass Ihr zeugt,
Es sei kein schnöder Makel, Mord noch Schmach,
Kein zuchtlos Tun, noch ehrvergessner Schritt,
Der mir geraubt hat Eure Gnad' und Huld.
Nur, weil mir fehlt – wodurch ich reicher bin –
Ein stets begehrend Aug' und eine Zunge,
Die ich mit Stolz entbehr, obgleich ihr Mangel
Mir Euern Beifall raubte.

LEAR.   Besser wär's,
Du lebtest nicht, als mir zur Kränkung leben!

FRANKREICH. Ist es nur das? Ein Zaudern der Natur,
Das oft die Tat unausgesprochen lässt,
Die es zu tun denkt? – Herzog von Burgund,
Was sagt Ihr zu der Braut? Lieb' ist nicht Liebe,
Wenn sie vermengt mit Rücksicht, die seitab
Vom wahren Ziel sich wendet. Wollt Ihr sie?
Sie selbst ist Ihre Mitgift.

BURGUND.   Hoher Lear,
Gebt mir den Anteil, den Ihr selbst bestimmt,
Und hier nehm ich Cordelia bei der Hand
Als Herzogin Burgunds.

LEAR. Nichts! Ich beschwor's, ich bleibe fest.

BURGUND. Dann tut mir's leid, dass Ihr zugleich den Vater
Verliert und den Gemahl.

CORDELIA.   Fahr hin, Burgund! –
Da Wunsch nur nach Besitz sein Lieben ist,
Werd ich nie seine Gattin.

FRANKREICH. Schönste Cordelia, du bist arm höchst reich;
Verbannt höchst wert; verachtet höchst geliebt! –

Dich nehm ich in Besitz und deinen Wert.
Gesetzlich sei, zu nehmen, was man wegwarf.
Wie seltsam, Götter! Meiner Liebe Glühn
Und Ehrfurcht muss aus kaltem Hohn erblühn.
Sie musste Erb' und Glück bei dir verlieren,
Um über uns und Frankreich zu regieren.
Kein Herzog von Burgunds stromreichen Auen
Erkauft von mir die teuerste der Frauen!
Den Harten gib ein mildes Abschiedswort,
Das Hier verlierst du für ein bessres Dort.

LEAR. Du hast sie, Frankreich, sie sei dein; denn nie
Hatt' ich solch Kind und nimmer grüße sie
Mein altes Auge mehr. Folg deinen Wegen
Ohn' unsre Lieb' und Gunst, ohn' unsren Segen.
Kommt, edler Fürst Burgund!
(Trompetengetön. Lear, Burgund, Cornwall, Albanien,
Gloster und Gefolge gehn ab.)

FRANKREICH. Sag deinen Schwestern Lebewohl.

CORDELIA *(beiseit).*
Des Vaters Edelsteinen! – *(laut)* Nassen Blicks
Verlässt Cordelia euch. *(Beiseit.)* Ich kenn euch wohl,
Und nenn als Schwester eure Fehler nicht
Beim wahren Namen. *(Laut.)* Liebt denn unsern Vater
Ich leg ihn euch ans vielberedte Herz: –
(beiseit) Doch ach, wär' ich ihm lieb noch wie vor
                                    Zeiten,
Wollt' ich ihm einen bessern Platz bereiten.
(laut) So lebt denn beide wohl!

REGAN. Lehr uns nicht unsre Pflichten.

GONERIL.   Dem Gemahl
Such zu genügen, der als Glücksalmosen

Dich aufnahm. Du verschmähst der Liebe Band,
Mit Recht entzieht sich dir, was du verkannt.
CORDELIA. Was List verborgen, wird ans Licht gebracht,[7]
Wer Fehler schminkt, wird einst mit Spott verlacht,
Es geh Euch wohl!
FRANKREICH.　　　　　Komm, liebliche Cordelia!
(Frankreich und Cordelia gehen ab.)
GONERIL. Schwester, ich habe nicht wenig zu sagen, was
uns beide sehr nahe angeht. Ich denke, unser Vater will
heut Abend fort.
REGAN. Ja, gewiss, und zu dir; nächsten Monat zu uns.
GONERIL. Du siehst, wie launisch sein Alter ist; was wir
darüber beobachten konnten, war bedeutend. Er hat im-
mer unsere Schwester am meisten geliebt, und mit wie
armseligem Urteil er sie jetzt verstieß, ist zu auffallend.
REGAN. 's ist die Schwäche seines Alters: doch hat er sich
von jeher nur obenhin gekannt.
GONERIL. Schon in seiner besten und kräftigsten Zeit war
er zu hastig: wir müssen also von seinen Jahren nicht nur
die Unvollkommenheiten längst eingewurzelter Ge-
wohnheiten erwarten, sondern außerdem noch den
störrischen Eigensinn, den gebrechliches und reizbares
Alter mit sich bringt.
REGAN. Solch haltungsloses Auffahren wird uns nun auch
bevorstehen, wie diese Verbannung Kents.
GONERIL. Dergleichen Abschiedskomplimente wird's
noch mehr geben, wie zwischen Frankreich und ihm: bitt
Euch, lasst uns zusammenhalten. Behauptet unser Vater

7 *Time shall unfold* ... (Die Zeit ...). Zeit wird bei Shakespeare häufig
als Allegorie behandelt, vgl. *Das Wintermärchen*.

sein Ansehn mit solchen Gesinnungen, so wird jene
letzte Übertragung seiner Macht uns nur zur Kränkung.
REGAN. Wir wollen es weiter überlegen.
GONERIL. Es muss etwas geschehen, und in der ersten
Hitze.

(Sie gehn ab.)

Zweite Szene

Schloss des Grafen Gloster.
(Edmund mit einem Briefe.)

EDMUND. Natur, du meine Göttin! Deiner Satzung
Gehorch ich einzig. Weshalb sollt' ich dulden
Die Plagen der Gewohnheit und gestatten,
Dass mich der Völker Eigensinn[8] enterbt,
Weil ich ein zwölf, ein vierzehn Mond' erschien
Nach einem Bruder? – Was Bastard? Weshalb unecht?
Wenn meiner Glieder Maß so stark gefügt,
Mein Sinn so frei[9], so adlich meine Züge,
Als einer Ehgemahlin Frucht! Warum
Mit unecht uns brandmarken? Bastard? Unecht?
Uns, die im heißen Diebstahl der Natur
Mehr Stoff empfahn und kräft'gern Feuergeist,
Als in verdumpftem, trägem, schalem Bett
Verwandt wird auf ein ganzes Heer von Tröpfen,
Halb zwischen Schlaf gezeugt und Wachen? Drum,

8 *curiosity* (altertümlich: peinliche Genauigkeit, Kleinlichkeit).
9 *generous* (edelmütig).

Echtbürt'ger Edgar! Mein wird noch dein Land: –
Des Vaters Liebe hat der Bastard Edmund
Wie der Echtbürt'ge. Schönes Wort: echtbürtig!
Wohl, mein Echtbürt'ger, wenn dies Brieflein wirkt
Und mein Erfinden glückt, stürzt den Echtbürt'gen
Der Bastard Edmund. Ich gedeih, ich wachse!
Nun, Götter, schirmt Bastarde! –
(Gloster kommt.)

GLOSTER.
Kent so verbannt! – Frankreich im Zorn gegangen!
Der König fort zu Nacht! – Der Kron' entsagt! –
Beschränkt auf Unterhalt! – Und alles das
Im Nu! – Edmund! Was gibt's? Was hast du Neues?

EDMUND *(steckt den Brief ein)*. Verzeih Euer Gnaden,
nichts.

GLOSTER. Warum steckst du so eilig den Brief ein? –

EDMUND. Ich weiß nichts Neues, Mylord.

GLOSTER. Was für ein Blatt lasest du?

EDMUND. Nichts, Mylord.

GLOSTER. Nichts? – Wozu denn die erschreckliche Eil damit in deine Tasche? – Ein eigentliches nichts bedarf keiner solchen Hast, sich zu verstecken. Lass sehn. Gib!
Wenn es nichts ist, brauche ich keine Brille.

EDMUND. Ich bitte, Herr, verzeiht; es ist ein Brief meines
Bruders, den ich noch nicht ganz durchgesehen, und so
weit ich bis jetzt las, finde ich den Inhalt nicht für Eure
Durchsicht geeignet.

GLOSTER. Gib mir den Brief, sag ich.

EDMUND. Ich werde Unrecht tun, ich mag ihn geben oder
behalten. Der Inhalt, so weit ich ihn verstehe, ist zu
tadeln.

GLOSTER. Lass sehn, lass sehn.

EDMUND. Ich hoffe zu meines Bruders Rechtfertigung, er schrieb dies nur als Prüfung und Versuchung meiner Tugend.

GLOSTER *(liest)*. »Dieses Herkommen,[10] diese Ehrfurcht vor dem Alter verbittert uns die Welt für unsre besten Jahre; entzieht uns unser Vermögen, bis unsre Hinfälligkeit es nicht mehr genießen kann. Ich fange an, eine alberne, törichte Sklaverei in diesem Druck bejahrter Tyrannei zu finden, die da herrscht nicht, weil sie Macht hat, sondern weil man sie duldet. Komm zu mir, dass ich weiter hierüber rede. Wenn unser Vater schlafen wollte, bis ich ihn weckte, solltest du für immer die Hälfte seiner Einkünfte genießen und der Liebling sein deines Bruders Edgar.« – Hum! – Verschwörung! – Schlafen wollte, bis ich ihn weckte – die Hälfte seiner Einkünfte genießen – mein Sohn Edgar! Hatte er eine Hand, dies zu schreiben? Ein Herz und ein Gehirn, dies auszubrüten? Wann bekamst du dies? Wer brachte dir's?

EDMUND. Es ward mir nicht gebracht, Mylord, das ist die Feinheit; ich fand's durch das Fenster meines Zimmers geworfen.

GLOSTER. Du erkennst deines Bruders Handschrift?

EDMUND. Wäre der Inhalt gut, Mylord, so wollte ich darauf schwören; aber, wenn ich auf diesen sehe, so möchte ich lieber glauben, sie sei es nicht.

GLOSTER. Es ist seine Hand.

EDMUND. Sie ist's, Mylord, aber ich hoffe, sein Herz ist dem Inhalte fern.

10 *this policy … of age* (diese berechnende Art).

GLOSTER. Hat er dich nie zuvor über diesen Punkt ausgeforscht?

EDMUND. Niemals, Mylord; doch habe ich ihn oft behaupten hören, wenn Söhne in reifen Jahren und die Väter auf der Neige ständen, dann sei von Rechtswegen der Vater des Sohnes Mündel und der Sohn Verwalter des Vermögens.

GLOSTER. O Schurke, Schurke! – Völlig der Sinn seines Briefes! – Verruchter Bube! Unnatürlicher, abscheulicher, viehischer Schurke! Schlimmer als viehisch! – Geh gleich, such ihn auf, ich will ihn festnehmen. – Verworfner Bösewicht! – Wo ist er? –

EDMUND. Ich weiß es nicht genau, Mylord. Wenn es Euch gefiele, Euren Unwillen gegen meinen Bruder zurückzuhalten, bis Ihr ihm ein bessres Zeugnis seiner Absichten entlocken könnt, so würdet Ihr sichrer gehen; wollt Ihr aber gewaltsam gegen ihn verfahren, und hättet Euch in seiner Absicht geirrt, so würde es Eure Ehre tödlich verwunden und das Herz seines Gehorsams zertrümmern. Ich möchte mein Leben für ihn zum Pfande setzen, dass er dies geschrieben hat, um meine Ergebenheit gegen Euch, Mylord, auf die Probe zu stellen, ohne eine gefährliche Absicht.

GLOSTER. Meinst du?

EDMUND. Wenn's Eu'r Gnaden genehm ist, stell ich Euch an einen Ort, wo Ihr uns darüber reden hören und Euch durch das Zeugnis Eures eignen Ohrs Gewissheit verschaffen sollt; und das ohne Verzug, noch diesen Abend.

GLOSTER. Er kann nicht solch ein Ungeheuer sein.

EDMUND. Und ist's gewiss nicht.

GLOSTER. Gegen seinen Vater, der ihn so ganz, so zärtlich

liebt! Himmel und Erde! Edmund, such ihn auf! – Forsche mir ihn aus, ich bitte dich, führe das Geschäft nach deiner eignen Klugheit: ich könnte nicht Vater sein, wenn ich hierzu die nötige Entschlossenheit besäße.

EDMUND. Ich will ihn sogleich aufsuchen, Mylord, die Sache fördern, wie ichs vermag, und Euch von allem Nachricht geben.

GLOSTER. Jene letzten Verfinsterungen an Sonne und Mond weissagen uns nichts Gutes. Mag die Wissenschaft der Natur sie so oder anders auslegen, die Natur empfindet ihre Geißel an den Wirkungen, die ihnen folgen: Liebe erkaltet, Freundschaft fällt ab, Brüder entzweien sich; in Städten Meuterei, auf dem Lande Zwietracht, in Palästen Verrat; das Band zwischen Sohn und Vater zerrissen: dieser mein Bube bestätiget diese Vorzeichen; da ist Sohn gegen Vater. Der König weicht aus dem Gleise der Natur, da ist Vater gegen Kind. Wir haben das Beste unsrer Zeit gesehn: Ränke, Herzlosigkeit, Verrat und alle zerstörenden Umwälzungen folgen uns rastlos bis an unser Grab. Erforsche mir den Buben, Edmund, es soll dein Schade nicht sein; tu's mit allem Eifer. Und der edle, treueherzte Kent verbannt! Sein Verbrechen, Redlichkeit! – Seltsam, seltsam! –
(Geht ab.)

EDMUND. Das ist die ausbündige Narrheit dieser Welt, dass, wenn wir an Glück krank sind, – oft durch die Übersättigung unsres Wesens – wir die Schuld unsrer Unfälle auf Sonne, Mond und Sterne schieben, als wenn wir Schurken wären durch Notwendigkeit; Narren durch himmlische Einwirkung; Schelme, Diebe und Verräter durch die Übermacht der Sphären; Trunkenbolde, Lügner und Ehebrecher durch erzwungene Abhängigkeit von planetarischem Einfluss; und alles, worin wir schlecht sind, durch göttlichen Anstoß. Eine herrliche Ausflucht für den Lüderlichen[11], seine hitzige Natur den Sternen zur Last zu legen! – Mein Vater ward mit meiner Mutter einig unterm Drachenschwanz, und meine Nativität fiel unter ursa major; und so folgt denn, ich müsse rauh und verbuhlt sein. Ei was, ich wäre geworden, was ich bin, wenn auch der jungfräulichste Stern am Firmament auf meine Bastardisierung geblinkt hätte. Edgar, –

(Edgar tritt auf.)

Und husch ist er da, wie die Katastrophe in der alten Komödie. Mein Stichwort ist »spitzbübische Melancholei« und ein Seufzer wie Thoms aus Bedlam. – O diese Verfinsterungen deuten diesen Zwiespalt! Fa, sol, la, mi –

EDGAR. Wie geht's, Bruder Edmund? In was für tiefsinnigen Betrachtungen?

EDMUND. Ich sinne, Bruder, über eine Weissagung, die ich dieser Tage las, was auf diese Verfinsterungen folgen werde!

EDGAR. Gibst du dich mit solchen Dingen ab?

EDMUND. Ich versichre dich, die Wirkungen, von denen er schreibt, treffen leider ein! – Unnatürlichkeit zwischen Vater und Kind, – Tod, Teuerung, Auflösung alter Freundschaft, Spaltung im Staat, Drohungen und Verwünschungen gegen König und Adel, grundloses Misstrauen, Verbannung von Freunden, Auflösung des Heers, Trennung der Ehen und was noch alles!

11 *whoremaster man* (Hurensohn Mensch).

EDGAR. Seit wann gehörst du zur astronomischen Sekte?

EDMUND. Wann sahst du meinen Vater zuletzt?

EDGAR. Nun, gestern Abend.

EDMUND. Sprachst du mit ihm?

EDGAR. Ja, zwei volle Stunden.

EDMUND. Schiedet Ihr in gutem Vernehmen? Bemerktest du kein Missfallen an ihm in Worten oder Mienen? –

EDGAR. Durchaus nicht.

EDMUND. Besinne dich, womit du ihn beleidiget haben könntest, und ich bitte dich, meide seine Gegenwart, bis eine kurze Zwischenzeit die Hitze seines Zorns abgekühlt hat, der jetzt so in ihm wütet, dass ihn kaum eine Misshandlung an deiner Person[12] besänftigen würde.

EDGAR. Irgend ein Schurke hat mich angeschwärzt!

EDMUND. Das fürcht ich auch. Ich bitte dich, weiche ihm sorgfältig aus, bis die Heftigkeit seines Ingrimms nachlässt, und, wie gesagt, verbirg dich bei mir in meinem Zimmer, wo ich's einrichten will, dass du den Grafen reden hören sollst. Ich bitte dich, geh, hier ist mein Schlüssel. Wagst du dich hervor, so geh bewaffnet.

EDGAR. Bewaffnet, Bruder?

EDMUND. Bruder, ich rate dir dein Bestes: geh bewaffnet: ich will nicht ehrlich sein, wenn man Gutes gegen dich im Schilde führt. Ich habe dir nur schwach angedeutet, was ich sah und hörte; längst noch nicht, wie entsetzlich die Wirklichkeit ist. Bitte dich, fort! –

EDGAR. Werd ich bald von dir hören?

---

12 *with the mischief of your person* (wenn das Ärgernis deiner Person hinzutritt).

EDMUND. Zähle auf mich in dieser Sache.
>*(Edgar geht ab.)*
>Ein gläub'ger Vater und ein edler Bruder,
>So fern von allem Unrecht, dass er nie
>Argwohn gekannt, dass dumme Ehrlichkeit
>Mir leichtes Spiel gewährt! Ich seh den Ausgang:
>Wenn nicht Geburt, schafft List mir Land und Leute;
>Und was mir nützt, das acht ich gute Beute.
>*(Er geht ab.)*

Dritte Szene

Vor dem Palast des Herzogs von Albanien.
(Goneril und der Haushofmeister.)

GONERIL. Schlug mein Vater meinen Diener, weil er sei-
nen Narren schalt?
HAUSHOFMEISTER. Ja, gnäd'ge Frau!
GONERIL.
>Bei Tag und Nacht![13] er kränkt mich! – Jede Stunde
>Bricht er hervor mit der und jener Unbill,
>Die uns verstimmt und stört: ich duld es nicht.
>Die Ritter werden frech, er selber schilt
>Um jeden Tand. Wenn er vom Jagen kommt,
>Will ich ihn jetzt nicht sehn; sag, ich sei krank.
>Wenn Ihr in Eurem Dienst saumsel'ger werdet,
>So tut Ihr Recht, die Schuld nehm ich auf mich.
>*(Trompeten)*

13 fälschliche Interpunktion: Tag und Nacht kränkt er mich.

HAUSHOFMEISTER.
 Jetzt kommt er, gnäd'ge Frau, ich hör ihn schon.
GONERIL. Zeigt ihm so träge Lässigkeit ihr wollt,
 Du und die andern; ich wollt', es käm zur Sprache.
 Wenn's ihm missfällt, so zieh er hin zur Schwester,
 Die darin, weiß ich, einig ist mit mir,
 Und sich nicht meistern lässt. Der greise Tor,
 Der immer noch die Macht behaupten will,
 Die er verschenkt hat! Nun, bei meinem Leben,
 Das Alter kehrt zur Kindheit, und es braucht
 Der strengen Zucht, wenn Güte ward missbraucht.
 Merk dir, was ich gesagt. –
HAUSHOFMEISTER.   Wohl, gnäd'ge Frau!
GONERIL. Und seinen Rittern gönnt nur kalte Blicke,
 Was draus erwächst, gleichviel; sagt das den andern
       auch.
 Ich nehme wohl Gelegenheit hieraus,
 Mich zu erklären. Meiner Schwester schreib ich
       gleich,
 Dass sie verfährt wie ich. Besorg das Mahl.
 (Sie gehn ab.)

Vierte Szene

Ebendaselbst.
(Kent tritt auf, verkleidet.)

KENT. Kann ich so gut nur fremde Sprache borgen,
 Die meine Red' entstellt, so mag vielleicht
 Mein guter Will' in vollem Maß erstreben

Das Ziel, um das mein Wesen ich verhüllte. –
Nun, du verbannter Kent,
Kannst du dort dienen, wo man dich verdammt,
(Und geb' es Gott!) soll dein geliebter Herr
Dich unermüdlich finden.
(Jagdhörner hinter der Szene; Lear, Ritter und Gefolge treten auf.)

LEAR. Lasst mich keinen Augenblick auf das Essen warten; geht, lasst anrichten.
(Einer vom Gefolge geht ab.)
Nun, wer bist du?

KENT. Ein Mann, Herr!

LEAR. Was ist dein Beruf? Was willst du von uns?

KENT. Mein Beruf ist, nicht weniger zu sein, als ich scheine; dem treu zu dienen, der's mit mir versuchen will! den zu lieben, der ehrlich ist; mit dem zu verkehren, der Verstand hat und wenig spricht; den guten Leumund[14] zu achten, zu fechten, wenn ich's nicht ändern kann, und keine Fische zu essen.

LEAR. Wer bist du?

KENT. Ein recht treuherziger Kerl und so arm als der König.

LEAR. Wenn du als Untertan so arm bist wie er als König, dann bist du arm genug. Was willst du?

KENT. Dienst.

LEAR. Wem willst du dienen?

KENT. Euch.

LEAR. Kennst du mich, Alter? –

KENT. Nein; aber Ihr habt etwas in Euerm Wesen, das ich gern Herr nennen möchte.

14 *to fear judgement* (Gericht – das Jüngste Gericht – zu fürchten).

LEAR. Was ist das?

KENT. Hoheit.

LEAR. Was für Dienste kannst du tun?

KENT. Ich kann ein erlaubtes Geheimnis verschweigen, reiten, laufen, eine hübsche Geschichte langweilig erzählen, und eine deutliche Botschaft schlicht[15] bestellen: wozu ein gewöhnlicher Mensch brauchbar ist, dafür tauge ich, und das Beste an mir ist Fleiß[16].

LEAR. Wie alt bist du?

KENT. Nicht so jung, Herr, ein Mädchen ihres Gesanges wegen zu lieben, noch so alt, um ohne alle Ursache in sie vergafft zu sein; ich habe achtundvierzig Jahre auf dem Rücken.

LEAR. Folge mir, du sollst mir dienen; wenn du mir nach dem Essen nicht schlechter gefällst, so trennen wir uns nicht so bald. – Das Essen, holla! das Essen! – Wo ist mein Bursch, mein Narr? – Geh einer und ruf mir meinen Narren her!

(Der Haushofmeister kommt.)

Ihr da! – He! – Wo ist meine Tochter?

HAUSHOFMEISTER. Verzeiht mir –

(Er geht ab.)

LEAR. Was sagt der Schlingel da? Ruft den Tölpel zurück. Wo ist mein Narr, he? – Ich glaube, die Welt liegt im Schlaf. Nun? Wo bleibt der Lümmel? –

RITTER. Er sagt, Mylord, Eurer Tochter sei nicht wohl.

LEAR. Warum kam denn der Flegel nicht zurück, als ich ihn rief?

15 *bluntly* (ungeschickt, ungehobelt).
16 *diligence* (Sorgfalt, Eifer).

RITTER. Herr, er sagte mir sehr rund heraus, er wolle nicht.

LEAR. Er wolle nicht?

RITTER. Mylord, ich weiß nicht, was vorgeht; aber nach meiner Ansicht begegnet man Eurer Hoheit nicht mehr mit der ehrerbietigen Aufmerksamkeit, wie man pflegte; es zeigt sich ein großes Abnehmen der Höflichkeit sowohl bei der Dienerschaft als auch beim Herzog und Eurer Tochter selbst.

LEAR. Ha! Meinst du? –

RITTER. Ich bitte Euch, verzeiht mir, Mylord, wenn ich mich irre, denn mein Diensteifer kann nicht schweigen, wenn ich Eure Hoheit beleidigt glaube.

LEAR. Du erinnerst mich nur an meine eigne Wahrnehmung. Ich bemerkte seit kurzem eine sehr kalte[17] Vernachlässigung, doch schob ich's mehr auf meine argwöhnische Gemütsart als auf einen wirklichen Vorsatz und absichtliche Unfreundlichkeit. – Ich will genauer darauf acht geben. Aber wo ist mein Narr? Ich hab ihn in zwei Tagen nicht gesehn.

RITTER. Seit der jungen Fürstin Abreise nach Frankreich, gnäd'ger Herr, hat sich der Narr ganz abgehärmt.

LEAR. Still davon; ich hab es wohl bemerkt. Geht, und sagt meiner Tochter, ich wolle sie sprechen. Und Ihr, ruft meinen Narren.

(Der Haushofmeister kommt.)

O mein Freund, kommt doch näher. Wer bin ich, Kerl?

HAUSHOFMEISTER. Myladys Vater.

LEAR. Myladys Vater? Mylords Schurk! Du verdammter Hund, du Lump, du Schuft!

---

17 *most faint* (sehr leicht, undeutlich).

HAUSHOFMEISTER. Ich bin nichts von alle dem, Mylord, ich bitte mir's aus.

LEAR. Wirfst du mir Blicke zu,[18] du Hundsfott?

(Er schlägt ihn.)

HAUSHOFMEISTER. Ich lasse mich nicht schlagen, Mylord.

KENT *(schlägt ihm ein Bein unter).* Auch kein Bein stellen, du niederträchtiger Fußballspieler?

LEAR. Ich danke dir, Bursch, du dienst mir und ich will dich lieben.

KENT. Kommt, Freund, steht auf, packt Euch! Ich will Euch Unterschied lehren; fort, fort! – Wollt Ihr Eure Flegelslänge noch einmal messen, so bleibt, sonst packt Euch! Fort! Seid Ihr klug? – – so! –

(Er stößt den Haushofmeister hinaus.)

LEAR. Nun, mein freundlicher Gesell, ich danke dir, hier ist Handgeld auf deinen Dienst.

(Er gibt Kent Geld.)

(Der Narr kommt.)

NARR. Lass mich ihn auch dingen; hier ist meine Kappe.

LEAR. Nun, mein schmuckes Bürschchen? Was machst du?

NARR. Höre, Freund, du tätst am besten, meine Kappe zu nehmen.

LEAR. Warum, mein Kind?

NARR. Warum? Weil du's mit einem hältst, der in Ungnade gefallen ist. Ja, wenn du nicht lächeln kannst, je nachdem der Wind kommt, so wirst du bald einen Schnupfen weghaben. Da nimm meine Kappe. Sieh, dieser Mensch da hat zwei von seinen Töchtern verbannt und

18 *Do you bandy looks with me?* (Willst du mit Blicken mit mir fechten?)

der dritten wider Willen seinen Segen gegeben; wenn du dem folgen willst, musst du notwendig meine Kappe tragen. Nun wie steht's, Gevatter? Ich wollt', ich hatte zwei Kappen und zwei Töchter! –

LEAR. Warum, mein Söhnchen?

NARR. Wenn ich ihnen all meine Habe geschenkt hätte, die Kappen behielt' ich für mich; ich habe meine; bettle du dir eine zweite von deinen Töchtern.

LEAR. Nimm dich in acht, du! – Die Peitsche! –

NARR. Wahrheit ist ein Hund, der ins Loch muss und hinausgepeitscht wird, während Madame Schoßhündin am Feuer stehen und stinken darf.

LEAR. Eine bittre Pille für mich! –

NARR *(zu Kent)*. Hör, guter Freund, ich will dich einen Reim lehren.

LEAR. Lass hören.

NARR. Gib acht! Gevatter!

> Halt, was du verheiß'st,
> Verschweig, was du weißt,
> Hab mehr, als du leihst,
> Reit immer zumeist,
> Sei wachsam im Geist,
> Nicht würfle zu dreist,
> Lass Dirnen und Wein
> Und Tanz und Schalmein,
> So find'st du den Stein
> Der Weisen allein.

LEAR. Das ist nichts, Narr.

NARR. Dann ist's gleich dem Wort eines unbezahlten Advokaten; du gabst mir nichts dafür. Kannst du von nichts keinen Gebrauch machen, Gevatter?

LEAR. Ei nein, Söhnchen, aus nichts wird nichts.

NARR. Bitt dich, sag ihm doch, gerade so viel trage ihm die Rente seines Landes; er wird's einem Narren nicht glauben.

LEAR. Ein bittrer Narr!

NARR. Weißt du den Unterschied, mein Junge, zwischen einem bittren Narren und einem süßen Narren?

LEAR. Nein, Bursch, lehr ihn mich.

NARR.   Der dir's geraten, Lear,
                Dein Land zu geben hin,
            Den stell' hierher zu mir,
                Oder stehe du für ihn.
            Der süß' und bittre Narr
                Zeigt sich dir nun sofort,
            Der ein' im scheck'gen Wamms,
                Den andern siehst du dort.

LEAR. Nennst du mich Narr, Junge?

NARR. Alle deine andern Titel hast du weggeschenkt, mit diesem bist du geboren.

KENT. Darin ist er nicht so ganz Narr, Mylord.

NARR. Nein, mein Seel', Lords und andere große Herren würden's mir auch nicht ganz lassen; hätt' ich ein Monopol darauf, sie müssten ihr Teil daran haben, und die Damen ebenso, die würden mir auch den Narren nicht allein lassen; sie würden was abhaben wollen. Gib mir ein Ei, Gevatter, ich will dir zwei Kronen geben.

LEAR. Was für zwei Kronen werden das sein?

NARR. Nun, nachdem ich das Ei durchgeschnitten und das Inwendige herausgegessen habe, die beiden Kronen des Eis. Als du deine Krone mitten durchspaltetest, und beide Hälften weggabst, da trugst du deinen Esel auf dem

Rücken durch den Dreck; du hattest wenig Witz in deiner kahlen Krone, als du deine goldne wegschenktest. Wenn ich diesmal in meiner eignen Manier rede, so lass den peitschen, der's zuerst so findet.

(Singt.)

> Nie machten Narr'n so wenig Glück,
>   Denn Weise wurden täppisch;
> Ihr Bisschen Scharfsinn ging zurück,
>   Und all ihr Tun ward läppisch.

LEAR. Seit wann bist du so reich an Liedern, he? –

NARR. Das ward ich, Gevatter, seit du deine Töchter zu deinen Müttern machtest; denn als du ihnen die Rute gabst und dir selbst deine Hosen herunterzogst,

> Da weinten sie aus freud'gem Schreck,
>   Ich sang aus bitterm Gram,
> Dass solch ein König spielt' Versteck,
>   Und zu den Narren kam.

Bitt dich, Gevatter, nimm einen Schulmeister an, der deinen Narren lügen lehre; ich möchte gern lügen lernen.

LEAR. Wenn du lügst, Bursch, so werden wir dich peitschen lassen.

NARR. Mich wundert, wie du mit deinen Töchtern verwandt sein magst; sie wollen mich peitschen lassen, wenn ich die Wahrheit sage; du willst mich peitschen lassen, wenn ich lüge, und zuweilen werde ich gepeitscht, weil ich's Maul halte. Lieber wollt' ich alles in der Welt sein, als ein Narr: und doch möchte ich nicht du sein, Gevatter. Du hast deinen Witz von beiden Seiten abgestutzt und nichts in der Mitte gelassen. Da kommt so ein abgestutztes.

(Goneril tritt auf.)

LEAR. Nun Tochter? Wieder deine Stirn umwölkt?[19] – Mir
  däucht, sie ward die letzte Zeit zu finster!
NARR. Du warst ein hübscher Gesell, als du noch nicht nötig hattest, auf ihre Runzeln zu achten; nun bist du eine
  Null ohne Ziffern: ich bin jetzt mehr als du: ich bin ein
  Narr, du bist nichts. – Ja doch, ich will ja schweigen; das
  befiehlt mir Euer Gesicht, obgleich Ihr nichts sagt.

> Mum, mum,
> Wer nicht Kruste hat noch Krum,
> Was er auch bittet, er gilt für stumm.

(Er zeigt auf Lear.)

  Das ist so 'ne leere Erbsenschote! –
GONERIL. Nicht dieser freche[20] Narr allein, Mylord,
  Auch mancher Eurer zügellosen Ritter,
  Sucht stündlich Zank und Unfug, schwelgt und
                              rauft
  In unerträglich läst'ger Wildheit. Herr,
  Ich glaubte, wenn ich dies Euch angezeigt,
  Ihr würdet's ändern; doch befürcht ich nun
  Nach dem, was Ihr seit kurzem spracht und tatet,
  Ihr schützt dies Treiben selbst, und reizt dazu
  Durch Euern Beifall: steht es so, dann fehlt
  Die Rüge nicht, noch schläft die scharfe Zucht,
  Die, zwar nur strebend nach wohltät'gem Frieden,
  Vielleicht in ihrem Lauf Euch Kränkung bringt,
  Was Schmach uns wäre sonst; doch weise Vorsicht,
  Wenn es die Not gebeut.

19 *What makes that frontlet on? You are too much of late i'th' frown*
   (Was hast du das Stirnband um? Zu oft in letzter Zeit runzelst du
   die Stirn).
20 *all-licens'd* (voll konzessioniert).

NARR. Denn du weißt, Gevatter,

      Grasmücke so lange den Kuckuck speist,

      Bis sein Junges ihr endlich den Kopf abreißt.

  Und da ging das Licht aus und wir saßen im Dunkeln.

LEAR. Bist du meine Tochter?

GONERIL. Hört mich:

    Ich wollt', Ihr brauchtet den gesunden Sinn,

    Der sonst, ich weiß, Euch ziert; und legtet ab

    Die Launen, die seit kurzem Euch verkehrt

    Zu einer Sinnsart, die Euch unnatürlich.

NARR. Kann's nicht ein Esel merken, wenn der Karrn das
  Pferd zieht? – Heißa, Hans[21], ich liebe dich.

LEAR. Kennt mich hier jemand? – Nein, das ist nicht Lear! –

    Geht Lear so? Spricht so? Wo sind seine Augen?

    Sein Kopf muss schwach sein, oder seine Denkkraft

    Im Todesschlaf. Ha, bin ich wach? – Es ist nicht so.

    Wer kann mir sagen, wer ich bin?

NARR.   Lears Schatten.

LEAR. Ich wüsst' es gern; denn nach den Zeichen

    Des Königtums, der Einsicht und Vernunft

    War's Täuschung, wenn ich glaubt', ich hätte

              Töchter.

NARR. Die dich zum gehorsamen Vater machen werden.

LEAR. Euer Name, schöne Frau? –

GONERIL.   O geht, Mylord! –

    Dieses Erstaunen schmeckt zu sehr nach andern

    Von Euern neuen Grillen. Ich ersuch Euch

    Nicht meine wahre Absicht misszudeuten.

    So alt und würdig, seid verständig auch;

21 *Whoop, Jug* (Huch, Hanne).

Ihr haltet hundert Ritter hier und Knappen,
So wildes Volk, so schwelgerisch und frech,
Dass unser Hof, befleckt durch ihre Sitten,
Gemeiner Schenke gleicht. Unzucht[22] und Lust
Stempelt ihn mehr zum Weinhaus und Bordell,
Als fürstlichen Palast. Scham selber heischt
Abhülfe schleunig: Seid deshalb ersucht
Von der, die sonst sich nimmt, um was sie bat,
Ein wenig zu vermindern Euern Schwarm:
Und wählt den Rest, der Euerm Dienst verbleibt,
Aus Männern, wohlanständig Euerm Alter,
Die sich und Euch erkennen.

LEAR.   Höll' und Teufel! –
Sattelt die Pferde, ruft all mein Gefolg;
Entarteter Bastard, ich will dich nicht
Belästigen; noch bleibt mir eine Tochter.

GONERIL.
Ihr schlagt mein Dienstvolk, und Eu'r frecher Tross
Macht bessre sich zu Knechten.
(Albanien tritt auf.)

LEAR. Weh', wer zu spät bereut! O Herr, seid Ihr's?
Ist das Eu'r Wille? Sprecht! – Bringt meine Pferde!
Undankbarkeit, du marmorherz'ger Teufel,
Abscheulicher, wenn du dich zeigst im Kinde
Als Meeresungeheuer! –

ALBANIEN.   Fasst Euch, Mylord.

LEAR. Verruchter Gei'r, du lügst! –
Mein Volk sind ausgewählt' und wackre Männer,
Höchst kundig aller Pflichten ihres Dienstes,

22 *epicurism* (im Sinne von »Völlerei«).

Und die mit strenger Achtsamkeit genau
Auf ihre Ehre halten. O du kleiner Fehl,
Wie schienst du an Cordelien mir so greulich,
Dass du, wie folternd, mein Naturgefühl
Verrenkt, dem Herzen alle Lieb entrissest,
In Galle sie zu wandeln! O Lear, Lear, Lear!
(Schlägt an die Stirn.)
Schlag an dies Tor, das deinen Blödsinn einließ,
Hinaus die Urteilskraft! Geht, gute Leute! –

ALBANIEN. Herr, ich bin schuldlos, ja ich ahnde nicht,
Was Euch bewegt.

LEAR.　　　　　　Es kann wohl sein, Mylord. –
Hör mich, Natur, hör, teure Göttin, hör mich!
Hemm deinen Vorsatz, wenn's dein Wille war,
Ein Kind zu schenken dieser Kreatur! –
Unfruchtbarkeit sei ihres Leibes Fluch! –
Vertrockn' ihr die Organe der Vermehrung;
Aus ihrem entarteten Blut erwachse nie
Ein Säugling, sie zu ehren. M u s s sie kreißen,
So schaff ihr Kind aus Zorn, auf dass es lebe
Als widrig quälend Missgeschick für sie! –
Es grab' ihr Runzeln in die junge Stirn,
Mit unversiegten Tränen ätz' es Furchen
In ihre Wangen: alle Muttersorg' und Wohltat
Erwidr' es ihr mit Spott und Hohngelächter;
Dass sie empfinde, wie es schärfer nage,
Als Schlangenzahn, ein undankbares Kind
Zu haben! – Fort, hinweg! –
(Er geht ab.)

ALBANIEN. Nun, ew'ge Götter, was bedeutet dies?
GONERIL. Nicht kümmert Euch, die Ursach zu erfahren;

Lasst seiner wilden Laune nur das Ziel,
Das Torheit ihr gesteckt. –
(Lear kommt zurück.)

LEAR. Was? Fünfzig meiner Leut' auf einen Schlag? –
In vierzehn Tagen? –

ALBANIEN. Gnäd'ger Herr, was ist's?

LEAR. Ja, hör mich. – Höll' und Tod! ich bin beschämt,
Dass du so meine Mannheit kannst erschüttern:
Dass heiße Tränen, die mir wider Willen
Entstürzen, dir geweint sein müssen. Pest
Und Giftqualm über dich! –
Des Vaterfluchs grimmtödliche Verwundung
Durchbohre jeden Nerven deines Wesens! –
Ihr alten kind'schen Augen, weint noch einmal
Um dies Beginnen, so reiß ich Euch aus
Und werf Euch mit den Tränen hin, die Ihr vergießt,
Den Staub zu löschen. Ha, so mag's denn sein! –
Ich hab noch eine Tochter,
Die ganz gewiss mir freundlich ist und liebreich.
Wenn sie dies von dir hört, mit ihren Nägeln
Zerfleischt sie dir dein Wolfsgesicht. Dann findst du
Mich in der Bildung wieder, die du denkst,
Ich habe sie auf immer abgeworfen;
Du sollst, das schwör ich dir.
(Lear, Kent und Gefolge gehn ab.)

GONERIL. Habt Ihr's gehört, Mylord?

ALBANIEN. Bei meiner großen Liebe, Goneril,
Kann ich nicht so parteiisch sein. –

GONERIL. Ich bitt Euch, lasst das gut sein. – Oswald, he! –
(Zum Narren.)
Ihr da, mehr Schurk' als Narr, folgt Eurem Herrn.

NARR. Gevatter Lear, Gevatter Lear, wart und nimm den
  Narren mit dir.

> Ein Fuchs, den man gefangen,
> Und solche Rangen,
> Die müssten am Baum mir hangen,
> Könnt' ich 'nen Strick erlangen:
> Der Narr kommt nachgegangen.

  (Geht ab.)

GONERIL. Der Mann war gut beraten. – Hundert Ritter!
  Politisch[23] wär's und sicher, hundert Ritter
  Zur Hand ihm lassen: dass bei jedem Traum,
  Bei jeder Grill und Laune, Klag' und Unlust,
  Er seine Torheit stützt' auf ihre Macht,
  Und unser Leben hing' an seinem Wink.
  He, Oswald! he!
ALBANIEN.   Du fürchtest wohl zu sehr. –
GONERIL. Besser, als traut' ich ihm zu sehr.
  Lass mich die Kränkung hemmen, die ich fürchte,
  Nicht eigne Hemmung fürchten. Ja, ich kenn ihn;
  Was er geäußert, schrieb ich meiner Schwester.
  Nimmt sie ihn auf mit seinen hundert Rittern,
  Da ich den Nachteil ihr gezeigt, – – Nun, Oswald
  (Der Haushofmeister kommt.)
  Hast du an meine Schwester dies geschrieben?
HAUSHOFMEISTER. Ja, gnäd'ge Frau!
GONERIL. Nimm dir Begleitung mit und schnell zu Pferd;
  Belehre sie, was ich besonders fürchte,
  Und füge selbst ihr solchen Grund hinzu,
  Der dies noch mehr verstärkt. Nun, mach dich auf, –

23 *politic* (klug, berechnend).

Und kehre bald zurück.
(Der Haushofmeister geht ab.)
                              Nein, nein, Mylord,
Dies Eu'r milchsanftes, allzu güt'ges Wesen,
Ich will's nicht schelten; doch Euch trifft, verzeiht,
Mehr Tadel, wegen Mangel an Verstand,
Als Lob für tör'ge Sanftmut.

ALBANIEN.
Ob du das Rechte triffst, entscheid ich nimmer,
Wer bessern will, macht oft das Gute schlimmer. –
GONERIL. Nun also –
ALBANIEN.   Gut, gut, – der Ausgang. –
(Sie gehn ab.)

Fünfte Szene

Ebendaselbst.
(Es treten auf Lear, Kent und der Narr.)

LEAR. Geh du voraus nach Gloster mit diesem Brief; sag
meiner Tochter von dem, was du weißt, nicht mehr, als
was sie nach dem Brief von dir erfragen wird. Wenn du
nicht sehr eilst, werd ich noch vor dir dort sein.
KENT. Ich will nicht schlafen, Mylord, bis ich Euern Brief
bestellt habe.
(Geht ab.)
NARR. Wenn einem das Hirn in den Beinen[24] säße, wär's
da nicht in Gefahr, Schwielen zu bekommen? –

24 *heels* (Fersen).

LEAR. Ja, Bursch.

NARR. Dann bitt ich dich, sei lustig, dein Verstand wird nie auf Schlappschuhen gehen dürfen.

LEAR. Ha, ha, ha!

NARR. Gib acht, deine andre Tochter wird dir artig begegnen; denn obgleich sie dieser so ähnlich sieht, wie der Holzapfel dem Apfel, so weiß ich doch, was ich weiß.

LEAR. Nun, was weißt du denn, mein Junge?

NARR. Sie wird ihr an Geschmack so gleich sein als ein Holzapfel einem Holzapfel. Das weißt du, warum einem die Nase mitten im Gesicht steht?

LEAR. Nein.

NARR. Ei, um die beiden Augen nach beiden Seiten der Nase hin zu gebrauchen, damit man in das, was man nicht heraus riechen kann, ein Einsehen habe.

LEAR. Ich tat ihr Unrecht.

NARR. Kannst du mir sagen, wie die Auster ihre Schale macht?

LEAR. Nein.

NARR. Ich auch nicht; aber ich weiß, warum die Schnecke ein Haus hat.

LEAR. Warum?

NARR. Nun, um ihren Kopf hinein zu stecken, nicht um's an ihre Töchter zu verschenken und ihre Hörner ohne Futteral zu lassen.

LEAR. Ich will meine Natur vergessen. Solch güt'ger Vater! Sind meine Pferde bereit?

NARR. Deine Esel sind nach ihnen gegangen. Der Grund, warum die sieben Sterne nicht mehr sind, als sieben, ist ein hübscher Grund.

LEAR. Weil's nicht acht sind.

NARR. Ja, wahrhaftig, du würdest einen guten Narren ab-
geben.
LEAR. Mit Gewalt muss ich's wiedernehmen. Scheusal,
Undankbarkeit! –
NARR. Wenn du mein Narr wärst, Gevatter, so bekämst du
Schläge, weil du vor der Zeit alt geworden bist.
LEAR. Was soll's?
NARR. Du hättst nicht alt werden sollen, eh du klug gewor-
den wärst.
LEAR. O schützt vor Wahnsinn mich, vor Wahnsinn,
                              Götter!
Schenkt Fassung mir, ungern wär' ich wahnsinnig.
(Ein Ritter kommt.)
Nun, sind die Pferde bereit?
RITTER. Bereit, Mylord.
LEAR. Komm, Junge.
NARR. Die jetzt noch Jungfer ist, und spottet mein und
                              stichelt,
Die bleibt's nicht lange, wird nicht alles weggesichelt.
(Sie gehn ab.)

Zweiter Akt

Erste Szene

Vor dem Schlosse des Grafen Gloster.
(Es treten auf Edmund und Curan von verschiedenen Seiten.)

EDMUND. Gott grüß dich, Curan.

CURAN. Und Euch, Herr. Ich bin bei Euerm Vater gewesen, und habe ihm die Nachricht gebracht, dass der Herzog von Cornwall und Regan, seine Herzogin, diesen Abend bei ihm eintreffen werden.

EDMUND. Wie kommt das? –

CURAN. Nun, ich weiß nicht. Ihr werdet die Neuigkeiten gehört haben: ich meine, was man sich zuraunt; denn noch ist die Sache nur Ohrengeflüster.

EDMUND. Ich? Nichts! bitt Euch, was sagt man?

CURAN. Habt Ihr nicht gehört, dass es wahrscheinlich bald zwischen den Herzögen von Cornwall und Albanien zum Krieg kommen wird? –

EDMUND. Nicht ein Wort.

CURAN. So werdet Ihr's noch hören. Lebt wohl! Herr.
(Ab.)

EDMUND. Der Herzog hier zu Nacht! So besser! Trefflich!
Das webt sich mit Gewalt in meinen Plan.
Mein Vater stellte Wachen, meinen Bruder
Zu fangen; und ich hab ein häklich Ding
Noch auszurichten. Helft mir, Glück und Raschheit! –
Bruder, ein Wort! – Komm, Bruder, komm herunter!
(Edgar tritt auf.)

Mein Vater stellt dir nach – o flieh von hier;
Kundschaft erhielt er, wo du dich versteckt; –
Dir wird die Nacht den besten Schutz gewähren. –
Sprachst du nicht etwa gegen Herzog Cornwall? –
Er kommt hierher, bei Nacht, in größter Eil',
Und Regan mit ihm: hast du nichts gesagt
Von seinem Streite mit Albaniens Herzog?
Besinne dich.

EDGAR.   Nein wahrlich, nicht ein Wort.

EDMUND. Den Vater hör ich kommen, – nun verzeih –
Verstellter Weise muss ich mit dir fechten,
Zieh, wehre dich zum Schein! Nun mach dich fort.
(Laut.) Ergib dich! *(Leise.)* komm zuvor ihm! – *(laut)*
      Licht, he, Licht!
(Leise.) Flieh Bruder! *(Laut.)* Fackeln, Fackeln! *(Leise.)*
      So leb wohl!
(Edgar geht ab.)
Ein wenig Blut an mir zeugt wohl die Meinung
Von ernstrer Gegenwehr –
(Er verwundet sich den Arm.)
      ich sah Betrunkne
Im Scherz mehr tun, als dies. – O Vater, Vater!
Halt, haltet ihn! Ist keine Hülfe?
(Gloster und Bediente mit Fackeln treten auf.)

GLOSTER.   Nun,
Edmund, wo ist der Schurke?

EDMUND. Er stand im Dunkeln hier, sein Schwert gezückt,
Den Mond beschwörend mit verruchtem Zauber,
Ihm hülfreich beizustehn, –

GLOSTER.   Nun, und wo ist er?

EDMUND. Seht, Herr, ich blute.

GLOSTER. Edmund, wo ist der Schurke? –
EDMUND. Dorthin entflohn. Als er auf keine Weise –
GLOSTER. Verfolgt ihn! – Fort! – Auf keine Weise – was?
EDMUND. Mich überreden konnt', Euch zu ermorden,
    Und ich ihm sagte, dass die Rachegötter
    Auf Vatermord all ihren Donner schleudern,
    Und wie durch vielfach starkes Band dem Vater
    Das Kind vereinigt sei, – genug, Mylord,
    Gewahrend, wie mit Abscheu ich verwarf
    Sein unnatürlich Tun, – in grimmer Kraft
    Mit schon gezognem Schwert fällt er gewaltig
    Mich Unbewehrten an, trifft mir den Arm;
    Doch als er sah, wie mein Gemüt empört
    Kühn durch des Streites Recht ihm widerstand, –
    Vielleicht erschreckt auch durch mein Schrein um
                Hülfe, –
    Entfloh er plötzlich.
GLOSTER. Flieh' er noch so weit,
    In diesem Land entgeht er nicht der Haft,
    Und, trifft man ihn, der Strafe. Unser Herzog,
    Mein werter Fürst und Schutzherr, kommt zu Nacht;
    Kraft seiner Vollmacht künd ich's aller Welt,
    Dass, wer ihn findet, unsern Dank verdient,
    Bringt er den feigen Meuchler zum Gericht:
    Wer ihn verbirgt, den Tod.
EDMUND. Als ich ihm sein Beginnen widerriet
    Und fand ihn so erpicht, – da droht' ich grimmig,
    Ihn anzugeben; er erwiderte:
    Du güterloser Bastard! Kannst du wähnen,
    Ständ' ich dir gegenüber, dass der Glaube
    An irgend Wahrheit, Wert und Treu' in dir

Dir Zutraun schaffte? Nein, straft' ich dich Lügen –
Und dieses tät' ich, ja, und zeigst du auf
Die eigne Handschrift – alles stellt' ich dar
Als deine Bosheit, Arglist, schnöden Trug.
Du musst 'nen Dummkopf machen aus der Welt,
Soll sie den Vorteil meines Todes nicht
Als starken, höchst gewicht'gen Trieb erkennen,
Ihn anzustiften.

GLOSTER.   O verstockter Bube!
Die Handschrift leugnen? Hat er das gesagt?[25]
(Man hört Trompeten.)
Der Herzog! – Was ihn herführt, weiß ich nicht. –
Die Häfen sperr ich all', er soll nicht fliehn.
Mein Fürst muss mir's gewähren; auch sein Bildnis
Versend ich nah und fern; das ganze Reich
Soll Kenntnis von ihm haben; und mein Land,
Du guter, würd'ger Sohn, ich wirk es aus,
Dass du's besitzen darfst.
(Cornwall und Regan treten mit Gefolge auf.)

CORNWALL.
Wie geht's, mein edler Freund? Seit ich hierher kam –
Was kaum geschehn –, vernahm ich arge Dinge.

REGAN. Und sind sie wahr, genügt wohl keine Strafe
So großer Missetat. Wie geht's Euch, Graf? –

GLOSTER. Zerrissen ist mein altes Herz, zerrissen!

REGAN. Was? Meines Vaters Pate[26] sucht Eu'r Leben?
Er, den mein Vater hat benannt? Eu'r Edgar?

GLOSTER. O Fürstin! Fürstin! Scham verschwieg' es gern.

---

25 In Q folgt: *I never got him* (Ich hab ihn nie gezeugt).
26 Patensohn.

REGAN. Hatt' er nicht Umgang mit den wüsten Rittern
    In meines Vaters Dienst?
GLOSTER.   Ich weiß nicht, Lady. –
    Es ist zu schlimm, zu schlimm!
EDMUND. Ja, gnäd'ge Frau, er hielt mit jenem Schwarm.
REGAN. Kein Wunder denn, dass er auf Bosheit sann!
    Sie trieben ihn zum Mord des alten Mannes,
    Um seine Renten schwelgend zu verprassen.
    Erst diesen Abend hat mir meine Schwester
    Sie recht geschildert, und mit solcher Warnung,
    Dass, wenn sie kommen, um bei mir zu wohnen,
    Ich nicht daheim sein will.
CORNWALL.   Auch ich nicht, Regan.
    Edmund, ich hör, Ihr habt dem Vater Euch
    Bewährt als treuer Sohn.
EDMUND.   Ich tat nach Pflicht.
GLOSTER. Er deckte seine List auf, und erhielt
    Die Wunde hier, als er ihn greifen wollte.
CORNWALL. Setzt man ihm nach?
GLOSTER.   Ja, gnäd'ger Herr.
CORNWALL. Wird er ergriffen, soll sich niemand ferner
    Vor seiner Bosheit scheun: all' meine Macht
    Steht Euch zu Dienst nach eigner Wahl. Ihr, Edmund,
    Des Tugend und Gehorsam eben jetzt
    Sich so bewährt, Ihr sollt der Unsre sein;
    Gemüter solcher Treue tun uns not,
    So zähl ich denn auf Euch.
EDMUND.   Ich dien Euch treu,
    Worin's auch sein mag.[27]

27 *however else* (wie auch immer sonst).

GLOSTER. Dank für ihn, mein Fürst.

CORNWALL. Ihr wisst nicht, was uns hergeführt zu Euch.

REGAN. So außer Zeit, in Finsternis der Nacht!
Der Anlass, edler Gloster, hat Gewicht;
Und Eures Rates sind wir sehr bedürftig.
Mein Vater schreibt uns, und die Schwester auch,
Von Zwistigkeiten, die ich besser hielt
Zu schlichten außerm Hause. Beide Boten
Erwarten hier Bescheid. Ihr, alter Freund,
Beruhigt Eu'r Gemüt und steht uns bei
Mit höchst erwünschtem Rat in dieser Sache,
Die dringend Eile heischt.

GLOSTER. Ich dien' Euch gern;
Eu'r Gnaden sind von Herzen mir willkommen.
(Sie gehn ab.)

Zweite Szene

Ebendaselbst.
*(Es treten auf Kent und der Haushofmeister von
verschiednen Seiten.)*

HAUSHOFMEISTER. Guten Morgen, mein Freund: bist du
hier vom Hause?

KENT. Ja.

HAUSHOFMEISTER. Wo können wir die Pferde unter-
bringen?

KENT. Im Dreck.

HAUSHOFMEISTER. Ich bitte dich, sag mir's, wenn du
mich lieb hast.

KENT. Ich habe dich nicht lieb.

HAUSHOFMEISTER. Nun, so frage ich nichts nach dir.

KENT. Hätt' ich dich in Lipsburys Pferch, so solltest du schon nach mir fragen.

HAUSHOFMEISTER. Warum behandelst du mich so? ich kenne dich nicht.

KENT. Kerl, ich kenne dich.

HAUSHOFMEISTER. Wer bin ich denn?

KENT. Ein Schurke bist du, ein Halunke, ein Tellerlecker, ein niederträchtiger, eitler, hohler, bettelhafter, dreiröckiger, hundertpfündiger, schmutziger, grobstrümpfiger Schurke; ein milchlebriger, Ohrfeigen einsteckender Schurke; ein luderlicher, spiegelgaffender, überdienstfertiger geschniegelter Taugenichts;[28] einer, der aus lauter Diensteifer ein Kuppler sein möchte, und nichts ist, als ein Gemisch von Schelm, Bettler, Lump, Kuppler und der Sohn und Erbe einer Bastardpetze; einer, den ich in Greinen und Winseln hineinprügeln will, wenn du die kleinste Silbe von diesen deinen Ehrentiteln ableugnest.

HAUSHOFMEISTER. Was für ein Unmensch bist du, Kerl, so auf einen zu schimpfen, den du nicht kennst und der dich nicht kennt? –

KENT. Was hast du für eine eiserne Stirn, du Schuft, mir's abzuleugnen, dass du mich kennst? Sind's doch kaum zwei Tage, seit ich dir ein Bein stellte und dich vor dem König prügelte? – Zieh, du Schuft, denn obgleich es Nacht ist, scheint der Mond; ich will eine Mond-

---

28 Unter den unflätigen Attributen fehlt: *one-trunk-inheriting slave* (*einen* Koffer erbender Knecht, im Sinn von »arme Kirchenmaus«).

scheinstunke aus dir machen. Zieh, du niederträcht'ger, infamer Kamrad von Barbiergesellen, zieh!
(Er zieht den Degen.)

HAUSHOFMEISTER. Fort! ich habe nichts mit dir zu schaffen.

KENT. Zieh, Hundsfott! du kommst mit Briefen gegen den König und nimmst der Drahtpuppe Eitelkeit Partei gegen die Majestät ihres Vaters. Zieh, Schuft! oder ich will dir deine Schenkel so zu Mus zerhacken – zieh, Racker! Stell dich! –

HAUSHOFMEISTER. Hülfe! He, Mord, Hülfe! –

KENT. Wehr dich, Bestie; steh, Schuft, steh; du geputzter Lumpenkerl, wehr dich!
(Er schlägt ihn.)

HAUSHOFMEISTER. Hülfe! he, Mord, Mord! –
(Edmund, Cornwall, Regan, Gloster und Gefolge treten auf.)

EDMUND. Was gibt's hier? Was habt ihr vor? Auseinander!

KENT. Nur her, Milchbart, wenn Ihr Lust habt; kommt, ich will Euch kuranzen;[29] nur her, Junker!

GLOSTER. Waffen? Degen? Was geht hier vor? –

CORNWALL. Friede, bei Euerm Leben!
Der stirbt, wer sich noch rührt; was habt Ihr vor?

REGAN. Die Boten unsrer Schwester und des Königs.

CORNWALL. Was ist eu'r Streit? sagt an!

HAUSHOFMEISTER. Kaum schöpf' ich Atem, Herr!

KENT. Ich glaub's, Ihr habt den Mut so angestrengt.

---

29 *I'll flesh you* (ich will Euch Fleisch schmecken lassen; Ausdruck aus der Jägersprache).

> Du feiger Schurk', Natur verleugnet dich,
> Ein Schneider machte dich!

CORNWALL.   Seltsamer Kauz!

> Ein Schneider einen Menschen machen?

KENT. Ja, ein Schneider, Herr; ein Steinmetz oder ein Maler hätte ihn nicht so schlecht geliefert, und wären sie nur zwei Stunden in der Lehre gewesen.

CORNWALL. Doch sprich! Wie kam der Zwist?

HAUSHOFMEISTER.

> Der alte Raufbold, Herr, des Blut ich schonte,
> Um seinen grauen Bart, –

KENT. Ei du verzwicktes X, unnützer Buchstab! Mylord, wenn Ihr's vergönnt, stampf ich den ungesichteten[30] Schuft zu Mörtel, und bestreiche eines Abtritts Wand mit ihm. – Meinen grauen Bart geschont, du Bachstelze! –

CORNWALL. Schweig, Kerl!

> Du grober Knecht, weißt du von Ehrfurcht nichts?

KENT. Ja, Herr! Doch hat der Ingrimm einen Freibrief.

CORNWALL. Worüber bist du grimmig?

KENT.

> Dass solch ein Lump, wie der, ein Schwert soll tragen,
> Der keine Ehre trägt. Solch Gleisner-Volk
> Nagt oft, gleich Ratten, heil'ge Band' entzwei,
> Zu fest verknüpft zum Lösen; schmeichelt jeder
>   Laune,
> Die auflebt in dem Busen seines Herrn,
> Trägt Öl ins Feu'r, zum Kaltsinn Schnee; verneint,
> Bejaht und dreht den Hals wie Wetterhähne[31]

---

30 *unbolted* (ungebolzt = klumpiger, unzerstampfter Lehm).

31 *halcyon beaks* (Eisvogelschnäbel).

Nach jedem Wind und Luftzug seiner Obern,
Nichts wissend, Hunden gleich, als nachzulaufen.
(Zum Haushofmeister.)
Die Pest auf deine epilept'sche Fratze! –
Belächelst du mein Wort, wie eines Narren?
Gans, hätt' ich dich auf Sarums ebner Flur,
Ich trieb dich gackernd heim nach Camelot.

CORNWALL. Wie, Alter? Bist du toll?

GLOSTER. Wie kam der Zank? Das sag!

KENT. Die Antipoden sind sich ferner nicht
Als ich und solch ein Schuft.

CORNWALL.
Weshalb nennst du ihn Schuft, was tat er dir?

KENT. Sein Ansehn ist mir unerträglich.

CORNWALL.
Vielleicht auch meins wohl oder seins und ihrs?

KENT. Herr! Grad' heraus und offen ist mein Brauch:
Ich sah mitunter bessere Gesichter,
Als hier auf irgend einer Schulter jetzt
Vor meinen Augen stehn.

CORNWALL.   Das ist ein Bursch,
Der einst gelobt um Derbheit, sich befleißt
Vorwitzger Rohheit, und sein Wesen zwängt
Zu fremdem Schein: der kann nicht schmeicheln,
               der! –
Ein ehrlich, grad Gemüt – spricht nur die Wahrheit! –
Gehts durch, nun gut, wenn nicht, – so ist er grade.
Ich kenne Schurken, die in solcher Gradheit
Mehr Arglist hüllen, mehr verruchten Plan,
Als zwanzig fügsam untertän'ge Schranzen,
Die schmeichelnd ihre Pflicht noch überbieten.

KENT. Gewiss, Herr, und wahrhaftig – ganz im Ernst –,
    Unter Vergünst'gung Eures hocherhabnen
    Aspekts, des Einfluss wie der Strahlenkranz
    Um Phöbus Flammenstirn –
CORNWALL.   Was soll das heißen?
KENT. Dass ich aus meiner Redeweise fallen will, die Euch
    so wenig behagt. Ich weiß Herr, ich bin kein Schmeich-
    ler; wer Euch mit graden Worten betrog, war gradehin
    ein Schurke, und das will ich meines Teils nicht sein,
    sollt' ich auch Eu'r Missfallen so weit besiegen[32] können,
    dass Ihr mich dazu aufforderter.
CORNWALL. Was tatst du ihm zu leid?
HAUSHOFMEISTER.   Herr! Nicht das Mind'ste.
    Dem König, seinem Herrn, gefiel's vor kurzem,
    Aus einem Missverständnis, mich zu schlagen,
    Worauf er gleich zur Hand, dem Zorne
                            schmeichelnd,
    Rücklings mich hinwarf; als ich lag, mich schimpfte,
    Und nahm so große Heldenmiene an,
    Dass diese Mannestat der König pries,
    Weil er zu Leibe ging dem Unbewehrten: –
    Und noch verzückt von seinem Ritterwerk,
    Zog er aufs Neue hier.
KENT. Memmen und Schurken! – Tun sie nicht, als wär'
    Ajax ihr Narr.
CORNWALL.   Holt mir die Blöcke, he!
    Du alter Starrkopf, du weißbärt'ger Prahler,
    Dich lehr' ich –
KENT.   Herr, ich bin zu alt zum Lernen,

32 *win* (gewinnen).

Holt nicht den Block für mich. Dem König dien ich;
In seinem Auftrag ward ich abgesandt;
Zu wenig Ehrfurcht zeigt Ihr, zu viel Trotz
Gegen die Gnad' und Würde meines Herrn,
Tut Ihr das seinem Boten.

CORNWALL.   Holt die Blöcke!
Auf Ehr' und Wort, bis Mittag soll er sitzen.

REGAN. Bis Mittag? Bis zur Nacht; die Nacht dazu! –

KENT. Nun, Lady, wär' ich Eures Vaters Hund,
Ihr solltet so mich nicht behandeln.

REGAN. Da Ihr sein Schurke seid, so will ich's.
(Die Fußblöcke werden gebracht.)

CORNWALL. Der ist ein Kerl so recht von jener Farbe,
Wie unsre Schwester schreibt. Kommt, bringt die
Blöcke.

GLOSTER.
Lasst mich Euch bitten, Herr! dies nicht zu tun;
Er ging zu weit, sein Herr, der gute König,
Ahndet's gewiss: doch diese niedre Zücht'gung
Ist solcher Art, wie man verworfnen Tross
Für Mauserein und ganz gemeinen Unfug
Bestraft; der König muss es schwer empfinden,
Wird er so schlecht geehrt in seinem Boten,
Dass man ihn also einzwängt.

CORNWALL.   Das vertret ich.

REGAN. Viel übler muss es meine Schwester deuten,
Dass einer ihren Dienstmann schmäht und anfällt,
Weil er ihr Wort befolgt. Schließt ihm die Beine!
(Kent wird in den Block gelegt.)
Kommt, werter Lord!
(Regan und Cornwall ab.)

GLOSTER.
> Du tust mir leid, mein Freund; der Herzog will's,
> Des heft'ger Sinn bekanntlich keinen Einspruch
> Noch Hemmung duldet. Ich will für dich bitten.

KENT. Nein, tut's nicht, Herr: ich wacht' und reiste scharf.
> Fürs erste schlaf ich was, dann kann ich pfeifen.
> Das Glück 'nes braven Kerls kommt wohl einmal
> Ins Stocken. Guten Morgen!

GLOSTER. Der Fürst tut Unrecht; übel wird man's deuten.
> *(Geht ab.)*

KENT. Du, guter König, machst das Sprichwort wahr:
> Du kommst jetzt aus dem Regen in die Traufe.
> Komm näher, Leuchte dieser niedern Welt,
> Dass ich bei deinem heitern Strahl den Brief
> Durchlesen möge. – Wahrlich, nur das Elend
> Erfährt noch Wunder! Ich weiß, Cordelia schickt ihn,
> Die schon zum Glück von meinem dunkeln Leben
> Nachricht erhielt, und sich die Zeit ersieht,
> Für diesen Greuelzustand Heilung suchend
> Den Übeln. Ganz erschöpft und überwacht
> Genießt den Vorteil, müde Augen, nicht
> Zu schaun dies schnöde Lager. Nun, Fortuna,
> Gut' Nacht! Noch einmal lächl' und dreh dein Rad.
> *(Er schläft ein.)*

Dritte Szene

Heide.
(Edgar tritt auf.)

EDGAR. Ich hörte mich geächtet,
    Und durch die günst'ge Höhlung eines Baums
    Entkam ich noch der Jagd. Kein Port ist frei,
    Kein Platz, an dem nicht strenge Wacht und Sorgfalt
    Mir nachstellt. Retten will ich mich, so lang
    Ich noch entfliehn kann: und ich bin bedacht,
    Den allertiefsten, ärmsten Schein zu borgen,
    In dem die Not den Menschen je zum Vieh
    Erniedrigt.[33] Mein Gesicht schwärz' ich mit Schlamm,
    Die Lenden schurz ich, zaus in Knoten all
    Mein Haar, und mit entschlossner[34] Nacktheit trotz ich
    Dem Sturm und den Verfolgungen der Luft.
    Die Gegend beut Vorbild und Muster mir
    An Tollhausbettlern, die mit hohler Stimme
    In ihre nackten, tauben Arme schlagen
    Holzpflöcke, Nägel, Splitter, Rosmarin,
    Und in so grausem Anblick sich in Mühlen,
    Schafhürden, armen Dörfern, Meiereien,
    Bald mit mondsücht'gem Fluch, bald mit Gebet,
    Mitleid erzwingen. Armer Turlygood! Armer
                 Thoms! –
    So bin ich etwas noch, – als Edgar nichts! –
    (Er geht ab.)

---

33 Es fehlt: *in contempt of man* (in Verachtung des Menschen).
34 *presented* (dargeboten).

Vierte Szene

Vor Glosters Schloss.
(Es treten auf Lear, der Narr und ein Ritter.)

LEAR. Seltsam, vom Haus' so weggehn und den Boten
    Mir nicht heimsenden!

RITTER.   Wie ich dort erfuhr,
    War Tags zuvor an diese Reis' hieher
    Noch kein Gedanke.

KENT.   Heil dir, edler Herr! –

LEAR. Wie?
    Treibst du die Schmach zur Kurzweil?

KENT.   Nein, Mylord.

NARR. Ha, ha! Der trägt grobe Kniegürtel! Pferde bindet
man an den Köpfen, Hunde und Bären am Halse, Affen
an den Lenden, und Menschen an den Beinen; wenn ein
Mensch zu übermütig mit den Beinen gewesen ist, so
muss er hölzerne Strümpfe tragen.

LEAR. Wer war's, der also dich misskannt, hieher
    Dich so zu werfen?

KENT. Beide, er und sie,
    Eu'r Sohn und Tochter.

LEAR.   Nein.

KENT. Ja.

LEAR. Nein, sag ich.

KENT. Ich sage ja.

LEAR. Bei Jupiter schwör ich, nein.

KENT. Bei Juno schwör ich, ja.

LEAR.   Sie durften's nicht;
    Sie konnten's, wagten's nicht; 's ist mehr als Mord,

Die Ehrfurcht so gewaltsam zu verletzen –
Erklär mir's in bescheidner Eil', wie hast du
Verdient, wie haben sie verhängt die Schmach,
Da du von uns kamst? –

KENT.   Als in ihrem Hause
Ich Eurer Hoheit Briefe übergab,
Da, eh' ich aufstand von dem Platz, wo ich
Gekniet in Demut, kam halb atemlos
Ein Bote, dampfend heiß, und keucht' hervor
Die Grüße seiner Herrin Goneril;
Gab – war ich gleich der erste – seinen Brief,
Der flugs gelesen ward. Auf dessen Inhalt
Beriefen sie die Reis'gen, nahmen Pferde,
Hießen mich folgen, und gelegentlich
Der Antwort warten; gaben kalte Blicke;
Und da ich hier den andern Boten traf,
Des Willkomm meinen, wie ich sah, vergiftet,
(Derselbe Bube, der so frech sich neulich
Vergangen wider Eure Majestät) –
Mehr Manns als Urteils in mir fühlend, zog ich.
Er weckt das Haus mit lautem, feigen Schrei;
Eu'r Sohn und Tochter fanden dies Vergehn
Wert, solche Schmach zu dulden.

NARR. Der Winter ist noch nicht vorbei, wenn die wilden
Gänse nach der Seite ziehn.

> Gehn die Väter nackt,
>   So werden die Kinder blind;
> Kommen sie geldbepackt,
>   Wie artig scheint das Kind.
> Fortuna, die arge Hur',
>   Tut auf den Reichen nur.

Aber mit alle dem werden dir deine lieben Töchter noch
so viel aufzählen, dass du fürs ganze Jahr genug haben
wirst.

LEAR. O wie der Krampf[35] mir auf zum Herzen schwillt![36] –
Hinab, aufsteigend Weh! Dein Element
Ist unten! Wo ist diese Tochter?

KENT. Beim Grafen, Herr, hier drinnen.

LEAR.   Folgt mir nicht;
Bleibt hier.
(Er geht ab.)

RITTER. Versahst du mehr nicht, als was du erzählt?

KENT. Nein.
Wie kommt der König mit so kleiner Zahl?

NARR. Wärst du für die Frage in den Block gesetzt, so hättst
du's wohl verdient.

KENT. Warum, Narr?

NARR. Wir wollen dich zu einer Ameise in die Schule schi-
cken, um dich zu lehren, dass es im Winter keine Arbeit
gibt. Alle, die ihrer Nase folgen, werden durch ihre Augen geführt, bis auf die Blinden; und gewiss ist unter
Zwanzigen nicht eine Nase, die den nicht röche, der
stinkt. Lass ja die Hand los, wenn ein großes Rad den
Hügel hinabrollt, damit dir's nicht den Hals breche,
wenn du ihm folgst; wenn aber das große Rad den Hügel
hinaufgeht, dann lass dich's nachziehn. Wenn dir ein
Weiser einen bessern Rat gibt, so gib mir meinen zurück; ich möchte nicht, dass andere als Schelmen ihm
folgten, da ein Narr ihn gibt.

35 *this mother* (diese Mutter, Mutterschoß).
36 Es folgt der lateinische Ausruf: *hysterica passio!*

Herr,[37] wer Euch dient für Gut und Geld
   Und nur gehorcht zum Schein,
Packt ein, sobald ein Regen fällt,
   Lässt Euch im Sturm allein.
Doch ich bin treu; der Narr verweilt,
   Lässt fliehn der Weisen Schar:
Der Schelm wird Narr, der falsch enteilt[38],
   Der Narr kein Schelm fürwahr.

KENT. Wo hast du das gelernt, Narr?

NARR. Nicht im Block, Narr.

   (Lear kommt zurück mit Gloster.)

LEAR. Verweigern mich zu sprechen? Sind krank, sind
                  müde?
   Sie reisten scharf die Nacht? – Ausflüchte nur!
   Bilder von Abfall und Empörung! Geh,
   Schaff mir 'ne bessre Antwort.

GLOSTER.   Teurer Herr,
   Ihr kennt des Herzogs feurige Gemütsart,
   Wie unbeweglich und bestimmt er ist
   In seinem Sinn.

LEAR.   Pest, Rache, Tod, Vernichtung!
   Was feurig? Was Gemüt? – Ha, Gloster, Gloster!
   Den Herzog Cornwall will ich sprechen und sein
                  Weib.

GLOSTER. Nun wohl, mein teurer Herr, so sagt' ich's auch.

LEAR. So sagtest du's? Verstehst du mich auch, Mann?

GLOSTER. Ja, Herr!

LEAR.   Der König will mit Cornwall sprechen,

---

37 Richtige Interpunktion: Der Herr, der …
38 *That runs away* (der fortläuft).

Der Vater, sieh, mit seiner Tochter sprechen,
Befiehlt[39] Gehorsam: sagt'st du ihnen das?
Mein Blut und Leben! – Feurig?
Der feur'ge Herzog? sagt dem heißen Herzog, dass –
Doch nein, noch nicht – kann sein, er ist nicht wohl;
Krankheit verabsäumt jeden Dienst, zu dem
Gesundheit ist verpflichtet; wir sind nicht wir,
Wenn die Natur, im Druck, die Seele zwingt,
Zu leiden mit dem Körper. Ich will warten,
Und ging zu weit in meinem raschen Mut,
Dass ich krankhafte, schwache Laune nahm
Für den gesunden Mann. O Höll' und Tod!
Warum sitzt dieser hier? – Ha, dies bezeugt,
Des Herzogs Weggehn und das ihre sei
Nur Hinterlist! Gebt mir den Diener los; –
Geht: sagt dem Herzog und seinem Weib, ich wollte
Sie sprechen, jetzt, alsbald; heiß sie erscheinen,
Sonst schlag ich an der Kammertür die Trommel,
Bis sie den Schlaf zu Tod geschreckt.

GLOSTER. Wär' alles gut doch zwischen euch! –
(Er geht ab.)

LEAR. Weh mir, mein Herz! Mein schwellend Herz! –
Hinunter!

NARR. Ruf ihm zu, Gevatter, wie die alberne Köchin den
Aalen, als sie sie lebendig in die Pastete tat; sie schlug ih-
nen mit einem Stecken auf die Köpfe und rief: hinunter,
ihr Gesindel, hinunter! Ihr Bruder war's, der aus lauter
Güte für sein Pferd ihm das Heu mit Butter bestrich.
(Cornwall, Regan, Gloster und Gefolge treten auf.)

---

39 Es fehlt: *tends* (erwartet).

LEAR. Guten Morgen euch beiden!
CORNWALL. Heil Euch, gnädger Herr!
(Kent wird losgemacht.)
REGAN. Ich bin erfreut, Eur' Majestät zu sehn.
LEAR. Regan, ich denk, du bist's, und weiß die Ursach,
    Warum ich's denke; wärst du nicht erfreut,
    Ich schiede mich von deiner Mutter Grab,
    Weil's eine Ehebrecherin verschlösse. –
    O, bist du frei?
    Ein ander Mal davon. – Geliebte Regan,
    Deine Schwester taugt nicht! – Oh, sie band mir,
                    Regan,
    Scharfzahn'gen Undank, gleich dem Geier hier –
    (Auf sein Herz zeigend.)
    Ich kann kaum sprechen – nimmer wirst du's glauben,
    Mit wie entartetem Gemüt, – o Regan!
REGAN. Ich bitt Euch, habt Geduld, ich hoffe, minder
    Wisst Ihr zu schätzen ihren Wert, als sie
    Von ihrer Pflicht zu weichen.
LEAR. Wie war das?
REGAN. Ich kann nicht denken, dass sie nur im kleinsten
    Gefehlt in ihrer Pflicht. Hat sie vielleicht
    Gehemmt den Unfug Eures Schwarms, Mylord,
    So war's auf solchen Grund und guten Zweck,
    Dass sie kein Tadel trifft.
LEAR. Mein Fluch auf sie!
REGAN. O Mylord, Ihr seid alt,
    Natur in Euch steht auf der letzten Neige
    Ihres Bezirks; Euch sollt' ein kluger Sinn,
    Der Euern Zustand besser kennt als Ihr,
    Zügeln und lenken: darum bitt ich Euch,

Kehrt heim zu unsrer Schwester; sagt ihr, Herr,
Ihr kränktet sie.

LEAR.   Ich ihr Verzeihn erbitten?
Fühlst du denn wohl, wie dies dem Hause ziemt?
»Liebe Tochter, ich bekenn es, ich bin alt;
(Er kniet.)
Alter ist unnütz; auf den Knien bitt ich:
Gewähre mir Bekleidung, Kost und Bett.«

REGAN. Lasst ab, Herr! Das sind törichte Gebärden.
Kehrt heim zu meiner Schwester.

LEAR.   Nimmermehr!
Halb mein Gefolge hat sie mir genommen,
Mich finster angeblickt, mit ihrer Zunge
Recht schlangenartig mir ins Herz gestochen.
Des Himmels aufgehäufte Rache fall'
Auf ihr undankbar Haupt; du fah'nde Luft,
Schlage mit Lähmung ihre jungen Glieder!

CORNWALL. Pfui, pfui, pfui!

LEAR. Du jäher Blitz, flamm' in ihr stolzes Auge
Dein blendend Feu'r! Verpestet ihre Schönheit,
Sumpfnebel, die der Sonne Macht gebrütet,
Welkt und vernichtet ihren Stolz!

REGAN.   O, Götter!
Das wünscht Ihr einst auch mir, wenn rascher Zorn[40] –

LEAR. Nein, Regan, nie empfängst du meinen Fluch.
Dein zart gestimmtes Herz gibt nimmer dich
Der Rauheit hin; ihr Auge sticht, doch deins
Tut wohl und brennt nicht; nimmer könnt'st du
                          grollen

40 In F folgt: *is on* (da ist; um sich greift).

Bei meiner Freude, mein Gefolg vermindern,
Mit herbem Zank mein Ausgesetztes schmälern,
Und endlich gar mit Kett' und Riegel mir
Den Eintritt wehren; nein, du lerntest besser
Die Pflichten der Natur, der Kindschaft Band,
Der Ehrfurcht Zoll, die Schuld der Dankbarkeit;
Du hast des Reiches Hälfte nicht vergessen,
Womit ich dich beschenkt.

REGAN.   Nun, Herr, zur Sache!

LEAR. Wer setzte meinen Diener in den Stock?

CORNWALL. Was für Trompeten?

(Der Haushofmeister tritt auf.)

REGAN.

Ich weiß es, meiner Schwester; denn sie schreibt mir
Ihr schleunig Kommen. Ist deine Herrin da? –

LEAR. Das ist ein Sklav, des leicht geborgter Stolz
In seiner Herrschaft flücht'ger Gnade wohnt;
Geh, Schuft, mir aus dem Auge! –

CORNWALL.   Was meint Eu'r Gnaden?

LEAR. Wer blockte meinen Diener? Regan, ich hoffe,
Du wusstest nicht darum. – Wer kommt da? Oh, ihr
                         Götter:

(Goneril kommt.)

Wenn Ihr die Alten liebt, Eu'r milder Zepter
Gehorsam heiligt, wenn Ihr selber alt seid,
Macht es zu Eurem Streit; sprecht, zeugt für mich! –

(Zu Goneril.)

Schämst du dich nicht, auf diesen Bart zu sehn?
O Regan! Kannst du bei der Hand sie fassen?

GONERIL.

Warum nicht bei der Hand? Was fehlt' ich denn?

Nicht alles ist ja Fehl, was Torheit meint
Und Aberwitz[41] so nennt.

LEAR.   Ihr Sehnen seid zu starr,
Noch reißt ihr nicht? – Wie kam d e r in den Block?

CORNWALL. Ich ließ ihn schließen, Herr; doch seine Unart
Verdiente mindern Glimpf[42].

LEAR.   Ihr? Tatet Ihr's?

REGAN.
Hört, Vater, da Ihr schwach seid, scheint es auch.
Wollt bis zum Ablauf Eures Monats Ihr
Zurückgehn; bei der Schwester wohnen; dann,
Halb Euren Zug entlassend, kommt zu mir.
Ich bin jetzt fern vom Haus' und nicht versehn,
Wie es sich ziemt, für Euern Unterhalt.

LEAR. Zurück zu ihr? und fünfzig Mann entlassen?
Nein, eh'r verschwör ich alles Dach, und lieber
Setz ich mich aus der Tyrannei der Luft,
Und will Kam'rad mit Wolf und Eule werden.
O scharfer Zahn der Not![43] – Zurück zu ihr?
Der heiße Frankreich, der mein jüngstes Kind
Ohn' Erbgut nahm, – so leicht zwäng' ich mich wohl,
An seinem Throne kniend, wie ein Knecht,
Ein ärmlich Brot und Jahrgeld zu erbetteln.
Zurück zu ihr? – Verlange lieber noch,
Dass Sklav' ich werd und Saumtier diesem Schuft! –

GONERIL. Wie's Euch beliebt.

41 *dotage* (Verwirrung, Senilität).
42 *advancement* (Beförderung).
43 *necessity's sharp pinch*: kein Ausruf, sondern – ohne Punkt – mit
»und« an den vorhergehenden Vers anzuschließen, abhängig von
»mit«.

LEAR. Ich bitt dich, Tochter, mach mich nicht verrückt!
Ich will dir nicht zur Last sein; Kind, leb wohl!
Wir wolln uns nicht mehr treffen, nicht mehr sehn.
Und doch bist du mein Fleisch, mein Blut, mein Kind;
Nein, eine Krankheit eh'r in meinem Fleisch,
Die mein ich nennen muss; bist eine Beule,
Ein Pestauswuchs, ein schwellender Karfunkel
In meinem kranken Blut. Doch will ich dich nicht
               schelten;
Scham komme, wenn sie will, ich ruf ihr nicht;
Ich heiße nicht den Donnerträger schleudern,
Noch schwatz ich aus von dir vor Jovis Thron; –
Geh in dich, ganz nach Muße bessre dich; –
Ich hab Geduld, ich kann bei Regan bleiben,
Ich und die hundert Ritter.
REGAN.   Nicht so ganz! –
Ich zählte nicht auf Euch, bin nicht gerüstet,
Euch zu empfangen; hört die Schwester, Herr!
Denn wer Eu'r Zürnen mit Vernunft betrachtet,
Muss sich doch sagen: Ihr seid alt, und so, –
Doch sie weiß, was sie tut.
LEAR.   Ist dies nun gut gesprochen?
REGAN. Ich darf's behaupten, Herr. Was, fünfzig Ritter?
Ist's nicht genug? wozu bedürft Ihr mehr?
Wozu selbst diese, da Gefahr und Last
So viele widerrät? Kann so viel Volk
In einem Haus, bei zweierlei Befehl,
In Freundschaft stehn? 's ist schwer, beinah
               unmöglich.
GONERIL. Was braucht Ihr, Herr, noch andre Dienerschaft,
Als meiner Schwester Leute, oder meine?

REGAN. Ja wohl, Mylord; wenn die nachlässig wären,
　　　Bestraften wir sie dann. Kommt Ihr zu mir
　　　(Denn jetzt seh ich Gefahr), so bitt ich Euch,
　　　Bringt mir nur Fünfundzwanzig; denn nicht mehr
　　　Kann ich herbergen oder zugestehn.
LEAR. Ich gab Euch alles –
REGAN.　　　　　　　Und zur rechten Zeit.
LEAR. Macht euch zu meinen Pflegern und Verwaltern;
　　　Nur diese Anzahl zum Gefolge mir
　　　Behielt ich vor. Was, muss ich zu dir kommen
　　　Mit fünfundzwanzig, Regan? Sagst du so?
REGAN. Und sag es noch einmal, Mylord: nicht mehr.
LEAR. Solch ruchlos Wesen sieht doch hübsch noch aus,
　　　Sind andre noch ruchloser; nicht die Schlimmste
　　　Zu sein, ist dann wie Lob: – *(zu Goneril)* ich geh
　　　　　　　　　mit dir;
　　　Dein Fünfzig macht doch zwei Mal fünfundzwanzig,
　　　Und du bist zweifach ihre Liebe.
GONERIL.　　　　　　　Hört mich:
　　　Was braucht Ihr fünfundzwanzig, zehn, ja fünf?
　　　In einem Haus, wo Euch zweimal so viel
　　　Zu Diensten stehn?
REGAN.　　　　　Was braucht Ihr einen nur?
LEAR. O streite nicht, was nötig sei. Der schlechtste Bettler
　　　Hat bei der größten Not noch Überfluss.
　　　Gib der Natur nur das, was nötig ist,
　　　So gilt des Menschen Leben, wie des Tiers.
　　　Du bist 'ne Edelfrau;
　　　Wenn warm gekleidet gehn schon prächtig wäre,
　　　Nun, der Natur tut deine Pracht nicht not,
　　　Die kaum dich warm hält; – doch für wahre Not –

Gebt, Götter, mir Geduld, Geduld tut not! –
Ihr seht mich hier, 'nen armen, alten Mann,
Gebeugt durch Gram und Alter, zwiefach elend! –
Seid Ihr's, die dieser Töchter Herz empört
Wider den Vater, närrt mich nicht so sehr,
Es zahm zu dulden; weckt mir edeln Zorn!
O lasst nicht Weiberwaffen, Wassertropfen,
Des Mannes Wang' entehren! – Nein, ihr Teufel,
Ich will mir nehmen solche Rach' an euch,
Dass alle Welt – will solche Dinge tun –
Was, weiß ich selbst noch nicht; doch solln sie werden
Das Graun der Welt. Ihr denkt, ich werde weinen?
Nein, weinen will ich nicht.
Wohl hab ich Fug zu weinen; doch dies Herz
Soll eh' in hunderttausend Scherben splittern,
Bevor ich weine. – O Narr, ich werde rasend! –
(Lear, Gloster, Kent und der Narr gehn ab.)

CORNWALL. Gehn wir hinein, es kommt ein Sturm.
(Sturm und Gewitter von weitem.)

REGAN. Das Haus ist klein, es fasst den Alten nicht
Und sein Gefolg'.

GONERIL.
's ist seine Schuld, er nahm sich selbst die Ruh';
Nun büßt er seine Torheit.

REGAN. Was ihn betrifft, ihn nehm ich gerne auf;
Doch keinen seines Zugs.

GONERIL.   So denk ich auch –
Wo ist Mylord von Gloster?
(Gloster kommt zurück.)

CORNWALL.
Er ging dem Alten nach; – dort kommt er wieder.

GLOSTER. Der König ist in Wut.

CORNWALL. Wo geht er hin?

GLOSTER. Er will zu Pferd', doch weiß ich nicht, wohin.

CORNWALL. Man lasse den, der selbst sich führen will.

GONERIL. Mylord, ersucht ihn ja nicht, hier zu bleiben!

GLOSTER. O Gott, die Nacht bricht ein, der scharfe Wind
Weht schneidend; viele Meilen rings umher
Ist kaum ein Busch.

REGAN. O Herr, dem Eigensinn
Wird Ungemach, das er sich selber schafft,
Der beste Lehrer. Schließt des Hauses Tor;
Er hat verwegne Diener im Gefolg;
Wozu ihn die anhetzen, da so leicht
Sein Ohr betört wird: das muss Vorsicht scheun.

CORNWALL.
Schließt Eure Pforte, Herr; die Nacht ist schlimm,
Und Regan rät uns gut. Kommt aus dem Sturm.
(Sie gehn ab.)

Dritter Akt

Erste Szene

Heide, Sturm, Donner und Blitz.
(Kent und ein Ritter von verschiedenen Seiten treten auf.)

KENT. Wer ist da, außer schlechtem Wetter?
RITTER. Ein Mann, gleich diesem Wetter, höchst bewegt.
KENT. Ich kenn Euch; wo ist der König?
RITTER. Im Kampf mit dem erzürnten Element.
    Er heißt dem Sturm die Erde wehn ins Meer,
    Oder die krause Flut das Land ertränken,
    Dass alles wandle oder untergeh;
    Rauft aus sein weißes Haar, das wüt'ge Windsbraut
    Mit blindem Grimm erfasst und macht zu nichts.
    Er will in seiner kleinen Menschenwelt
    Des Sturms und Regens Wettkampf übertrotzen.
    In dieser Nacht, wo bei den Jungen gern
    Die ausgesogne Bärin bleibt, der Löwe
    Und hungergrimm'ge Wolf gern trocken halten
    Ihr Fell, rennt er mit unbedecktem Haupt,
    Und heißt, was immer will, hinnehmen alles.
KENT. Doch wer ist mit ihm?
RITTER. Der Narr allein, der wegzuscherzen strebt
    Sein herzerschütternd Leid.
KENT.   Ich kenn Euch, Herr,
    Und wag es auf die Bürgschaft meiner Kunde,
    Euch Wicht'ges zu vertraun. Es trennt ein Zwiespalt –
    Wiewohl sie noch den Schein davon verhüllen
    In gleicher List – Albanien und Cornwall.

Sie haben – so wie jeder, den sein Stern
Erhob und krönte – Diener, treu zum Schein,
Die heimlich Frankreichs Spione sind und Wächter;
Belehrt von unserm Zustand, allen Händeln
Und Zänkerein der Fürsten; von
Dem schweren Joch, das beide auferlegt
Dem alten König; von noch tiefern Dingen,
Wozu vielleicht dies nur ein Vorspiel war –
Doch ist's gewiss, von Frankreich kommt ein Heer
In dies zerrissne Reich, das schon, mit Klugheit
Benutzend unsre Säumnis, heimlich fußt
In unsern besten Häfen, und alsbald
Sein Banner frei entfaltet. Nun für Euch:
Wagt Ihr's, so fest zu bauen auf mein Wort,
Dass Ihr nach Dover gleich enteilt, so findet
Ihr jemand, der's Euch dankt, erzählt Ihr treu,
Welch unnatürlich sinnverwirrend Leid
Des Königs Klage weckt.
Ich bin ein Edelmann von altem Blut,
Und weil ich Euch als zuverlässig kenne,
Vertrau ich Euch dies Amt.

RITTER. Ich werd Euch weiter sprechen.

KENT.   Nein, das nicht –
Und zur Bestät'gung, ich sei größres als
Mein äußrer Schein, empfangt die Börs' und nehmt
Was sie enthält. Wenn Ihr Cordelien seht –
Und daran zweifelt nicht – zeigt ihr den Ring,
Und nennen wird sie Euch den Freund, des' Namen
Euch jetzt noch unbekannt. Hu, welch ein Sturm! –
Ich will den König suchen.

RITTER. Gebt mir die Hand. Habt Ihr nicht mehr zu sagen?

KENT. Nicht viel, doch, in der Tat, das Wichtigste:
　　　Dies, wenn den König wir gefunden – Ihr
　　　Geht diesen Weg, ich jenen – wer zuerst
　　　ihn antrifft, ruf's dem andern zu.
　　　(Sie gehn nach verschiedenen Seiten ab.)

Zweite Szene

Eine andere Gegend auf der Heide.
(Fortdauernd Ungewitter. Es treten auf Lear und der Narr.)

LEAR.
　　　Blast, Wind' und sprengt die Backen! Wütet! Blast! –
　　　Ihr Katarakt' und Wolkenbrüche, speit,
　　　Bis ihr die Türm' ersäuft, die Hähn' ertränkt!
　　　Ihr schweflichten, gedankenschnellen Blitze,
　　　Vortrab dem Donnerkeil, der Eichen spaltet,
　　　Versengt mein weißes Haupt! Du Donner
　　　　　　　　　　　schmetternd,
　　　Schlag flach das mächt'ge Rund der Welt; zerbrich
　　　Die Formen der Natur, vernicht auf eins
　　　Den Schöpfungskeim des undankbaren Menschen.
NARR. Ach Gevatter, Hofweihwasser in einem trocknen
　　　Hause ist besser als dies Regenwasser draußen. Lieber
　　　Gevatter, hinein und bitt um deiner Töchter Segen; das
　　　ist 'ne Nacht, die sich weder des Weisen noch des Toren
　　　erbarmt.
LEAR. Rassle nach Herzens Lust! Spei Feuer, flute Regen;
　　　Nicht Regen, Wind, Blitz, Donner, sind meine
　　　　　　　　　　Töchter:

Euch schelt ich grausam nicht, ihr Elemente:
Euch gab ich Kronen nicht, nannt' euch nicht Kinder,
Euch bindet kein Gehorsam; darum büßt
Die grause Lust:[44] Hier steh ich, euer Sklav',
Ein alter Mann, arm, elend, siech, verachtet:
Und dennoch knecht'sche Helfer nenn ich euch,
Die ihr im Bund mit zwei verruchten Töchtern
Türmt Eure hohen Schlachtreihn auf ein Haupt
So alt und weiß als dies. Oh, oh, 's ist schändlich! –

NARR. Wer ein Haus hat, seinen Kopf hineinzustecken, der
hat einen guten Kopfplatz.

> Wenn Hosenlatz will hausen,
>   Eh Kopf ein Dach geschafft,
> Wird Kopf und Latz verlausen,
>   Solch Frei'n ist bettelhaft.
> Und willst du deinen Zeh',
>   Du Tropf, zum Herzen machen,
> Schreist über'n Leichdorn weh,
>   Statt schlafen wirst du wachen.

– denn noch nie gab's ein hübsches Kind[45], das nicht Gesichter vorm Spiegel schnitt.

(Kent tritt auf.)

LEAR. Nein! Ich will sein ein Muster aller Langmut,
Ich will nichts sagen.

KENT. Wer da?

NARR. Nun, hier ist Gnade und ein Hosenlatz; das heißt:
ein Weiser und ein Narr.

---

44 *then let fall your horrible pleasures* (dann lasst das Grausige, das
Euch gefällt, fallen).
45 *woman* (Frau).

KENT.
    Ach, seid Ihr hier, Mylord? Was sonst die Nacht liebt,
    Liebt solche Nacht doch nicht: – des Himmels Zorn
    Scheucht selbst die Wanderer der Finsternis
    In ihre Höhlen. Seit ich ward zum Mann,
    Erlebt' ich nimmer solchen Feuerguss,
    Solch Krachen grausen Donners, solch Geheul
    Des brüll'nden Regensturms: kein menschlich Wesen
    Erträgt solch Leid und Graun. –
LEAR.   Jetzt, große Götter,
    Die ihr so wild ob unsern Häuptern wettert,
    Sucht Eure Feinde auf: Zittre, du Frevler,
    Auf dem verborgne Untat ruht, vom Richter
    Noch ungestraft! – Versteck dich, blut'ge Hand;
    Meineid'ger Schalk, und du, o Tugendheuchler,
    Der in Blutschande lebt! Zerscheitre, Sünder,
    Der unterm Mantel frommer Ehrbarkeit
    Mord stiftete! Ihr tief verschlossnen Gräu'l,
    Sprengt den verhüll'nden Zwinger, fleht um Gnade
    Die grausen Mahner. – Ich bin ein Mann, an dem
    Man mehr gesündigt, als er sündigte.
KENT. O Gott, mit bloßem Haupt! –
    Mein gnäd'ger Herr, nah' bei ist eine Hürde[46],
    Die bietet etwas Schutz doch vor dem Sturm;
    Ruht dort, indes ich in dies harte Haus –
    Weit härter als der Stein, aus dem's erbaut,
    Das eben jetzt, als ich nach Euch gefragt,
    Mir schloss die Tür – zurückgeh und ertrotze
    Ihr karges Mitleid.

46 Hier und im folgenden: Hürde = Hütte.

LEAR.   Mein Geist beginnt zu schwindeln.
     Wie geht's, mein Junge? Komm, mein Junge! Friert
                    dich?
     Mich selber friert. Wo ist die Streu, Kam'rad?
     Die Kunst der Not ist wundersam; sie macht
     Selbst Schlechtes köstlich. Nun zu deiner Hürde. –
     Du armer Schelm und Narr, mir blieb ein Stückchen
     Vom Herzen noch, und das bedauert dich.
NARR. Wem der Witz nur schwach und gering bestellt,
     Hop heisa bei Regen und Wind,
     Der füge sich still in den Lauf der Welt,
     Denn der Regen, der regnet jeglichen Tag.
LEAR. Wahr, lieber Junge. – Kommt, zeigt uns die Hürde!
     (Geht ab.)
NARR. Das ist 'ne hübsche Nacht, um eine Buhlerin ab-
     zukühlen. Ich will eine Prophezeiung sprechen, eh' ich
     gehe: –
     Wenn Priester Worte, nicht Werke häufen,
     Wenn Brauer in Wasser ihr Malz ersäufen,
     Wenn der Schneider den Junker Lehrer nennt,
     Kein Ketzer mehr, nur der Buhler, brennt,
     Wenn Richter ohne Falsch und Tadel,
     Wenn ohne Schulden Hof und Adel,
     Wenn Läst'rung nicht auf Zungen wohnt,
     Der Gauner des Nächsten Beutel schont,
     Wenn die Wuch'rer ihr Gold im Felde beschaun,
     Und Huren und Kuppler Kirchen baun,
     Dann kommt das Reich von Albion
     In große Verwirrung und Konfusion:
     Dann kommt die Zeit, wer's lebt zu sehn,
     Dass man mit Füßen pflegt zu gehn.

Diese Prophezeiung wird Merlin machen, denn ich lebe
vor seiner Zeit. –
(Ab.)

Dritte Szene

Glosters Schloss.
(Es treten auf Gloster und Edmund.)

GLOSTER. O Gott! Edmund, diese unnatürliche Begeg-
nung gefällt mir nicht. Als ich sie um Erlaubnis bat, mich
seiner erbarmen zu dürfen, da verboten sie mir den Gebrauch meines eignen Hauses, befahlen mir bei Strafe
ihrer ewigen Ungnade, weder von ihm zu sprechen, für
ihn zu bitten, noch ihn auf irgend eine Weise zu unterstützen.
EDMUND. Höchst grausam und unnatürlich!
GLOSTER. Nun, nun, sage nichts. Es ist ein Zwiespalt zwischen den beiden Herzogen, und Schlimmeres als das;
ich erhielt diesen Abend einen Brief – es ist gefährlich
davon zu reden; ich verschloss den Brief in meinem Ka-
binett. Die Kränkungen, die der König jetzt duldet, werden schwer geahndet werden; ein Teil des Heeres ist
schon gelandet, und wir müssen mit dem König halten.
Ich will ihn aufsuchen und ihn heimlich unterstützen.
Geh du und unterhalte ein Gespräch mit dem Herzoge,
damit er diese Teilnahme nicht bemerke. Wenn er nach
mir fragt, bin ich krank und zu Bett gegangen. Und sollte
es mein Tod sein (wie mir denn nichts Geringeres ge-
droht ist), dem König, meinem alten Herrn, muss gehol-

fen werden. Es sind seltsame Dinge im Werk; Edmund,
ich bitte dich, sei behutsam.
(Er geht ab.)

EDMUND. Den Eifer, mit Vergunst[47], meld ich sogleich
Dem Herzog, und von jenem Brief dazu.
Dies scheint ein groß Verdienst und soll mir lohnen
Mit meines Vaters Raub, den Gütern allen:
Die Jungen steigen, wenn die Alten fallen.
(Ab.)

Vierte Szene

Heide.
(Es treten auf Lear, Kent und der Narr.)

KENT. Hier ist's Mylord; o geht hinein, Mylord!
Die Tyrannei der offnen rauhen Nacht
Hält die Natur nicht aus.
(Fortdauernder Sturm.)
LEAR.   Lass mich zufrieden.
KENT. Ich bitt Euch, kommt.
LEAR.   Willst du das Herz mir brechen?
KENT. Mein eignes eh'r. O geht hinein, mein König!
LEAR. Dir dünkt es hart, dass dieser wüt'ge Sturm
Uns bis zur Haut durchdringt: so ist es dir;
Doch wo die größre Krankheit Sitz gefasst,
Fühlt man die mindre kaum. Du fliehst den Bären;
Doch führte dich die Flucht zur brüllnden See,

---

47 *this courtsey forbid thee* (diese, dir verbotene Freundlichkeit).

Liefst du dem Bären in den Schlund. Ist frei der
Geist,
Dann fühlt der Körper zart. Der Sturm im Geist
Raubt meinen Sinnen jegliches Gefühl,
Nur das bleibt, was hier wühlt – Undank des Kindes!
Als ob der Mund zerfleischte diese Hand,
Weil sie ihm Nahrung bot! Schwer will ich strafen! –
Nicht will ich weinen mehr. In solcher Nacht
Mich auszusperrn! – Gieß fort; ich will's erdulden. –
In solcher Nacht, wie die! O Regan, Gon'ril! –
Euren alten, guten Vater, des freies Herz
Euch alles gab, – o auf dem Weg liegt Wahnsinn! –
Nein, dahin darf ich nicht, nichts mehr davon!

KENT. Mein guter König, geht hinein!

LEAR. Bitt dich, geh du hinein, sorg für dich selbst.
Der Sturm erlaubt nicht, Dingen nachzusinnen,
Die mehr mich schmerzen. Doch ich geh hinein,
Geh, Bursch, voran! – Du Armut ohne Dach, –
Nun, geh doch! Ich will beten und dann schlafen.
(Der Narr geht in die Hütte.)
Ihr armen Nackten, wo ihr immer seid,
Die ihr des tück'schen Wetters Schläge duldet,
Wie soll Eu'r schirmlos Haupt, hungernder Leib,
Der Lumpen offne Blöß' Euch Schutz verleihn
Vor Stürmen, so wie der? O daran dacht' ich
Zu wenig sonst! – Nimm Arzenei, o Pomp!
Gib Preis dich, fühl einmal, was Armut fühlt,
Dass du hinschüttst für sie dein Überflüss'ges,
Und rettest die Gerechtigkeit des Himmels!

EDGAR *(drinnen)*. Anderthalb Klafter! Anderthalb Klafter!
Armer Thoms!

NARR *(indem er aus der Hütte läuft)*. Geh nicht hinein. Gevatter! Hier ist ein Geist! Hülfe! Hülfe!

KENT. Gib mir die Hand. – Wer ist da?

NARR. Ein Geist, ein Geist! Er sagt, er heiße armer Thomas.

KENT. Wer bist du, der im Stroh hier murmelt?
Komm heraus! –
(Edgar tritt auf, als Wahnwitziger.)

EDGAR. Hinweg! Der böse Feind verfolgt mich.
Durch scharfen Hagedorn saust der kalte Wind:
Hu! –
Geh in dein kaltes Bett und wärme dich!

LEAR. Wie? Gabst du alles deinen beiden Töchtern?
Und kamst du so herunter?

EDGAR. Wer gibt dem armen Thoms was? – den der böse Feind durch Feuer und durch Flammen geführt hat, durch Flut und Strudel, über Moor und Sumpf, der ihm Messer unters Kissen gelegt hat und Schlingen unter seinen Stuhl; der ihm Rattengift in die Suppe tat, der ihm Hoffart eingab, auf einem braunen, trabenden Ross über vier Zoll breite Stege zu reiten, und seinem eigenen Schatten, wie einem Verräter, nachzujagen. Gott schütze deine fünf Sinne! Thoms friert. *(Vor Frost schaudernd.)* O de de de de de! – Gott schütze dich vor Wirbelwinden, vor bösen Sternen und Seuchen! Gebt dem armen Thoms ein Almosen, den der böse Feind heimsucht: hier könnt' ich ihn jetzt haben, und hier – und da, – und hier wieder, – und hier. –
(Immerwährend Ungewitter.)

LEAR. Was, brachten ihn die Töchter in solch Elend?
Konntst du nichts retten? Gabst du alles hin? –

NARR. Nein, er behielt ein Laken, sonst müssten wir uns
alle schämen.

LEAR. Nun, jede Seuche, die die Luft zur Strafe
Der Sünder herbergt,[48] stürz auf deine Töchter!

KENT. Herr! Er hat keine Töchter! –

LEAR. Ha, Tod, Rebell! Nichts beugte die Natur
Zu solcher Schmach, als undankbare Töchter. –
Ist's Mode jetzt, dass weggejagte Väter
So wüten müssen an dem eignen Fleisch?
Sinnreiche Strafe! Zeugte doch dies Fleisch
Diese Pelikan-Töchter.

EDGAR. Pillicok saß auf Pillicoks Berg:
Hallo, hallo, hallo!

NARR. Diese kalte Nacht wird uns alle zu Narren und Tollen machen.

EDGAR. Hüte dich vor dem bösen Feind; gehorch deinen
Eltern; halte dein Wort; fluche nicht; verführe nicht deines Nächsten verlobte Braut[49]; stelle deine Sache nicht
auf eitle Pracht; – Thoms friert! –

LEAR. Was bist du gewesen?

EDGAR. Ein Verliebter, stolz an Herz und Sinn, der sein
Haar kräuselte, Handschuh an seiner Kappe trug, den
Lüsten seiner Gebieterin fröhnte, und das Werk der
Finsternis mit ihr trieb. Ich schwur so viel Eide, als ich
Worte redete, und brach sie im holden Angesicht des
Himmels; schlief ein in Gedanken der Wollust und er-
wachte, sie auszuführen; den Wein liebte ich kräftig, die

48 *Now all the plagues that in the pendulous air / Hang fated over
men's faults* (alle Seuchen, die in der schwebenden Luft schicksal-
haft über den Lastern der Menschen hängen).
49 *sworn spouse* (angetraute Ehefrau).

Würfel heftig, und mit den Weibern übertraf ich den Großtürken; falsch von Herz, leicht von Ohr, blutig von Hand; Schwein in Faulheit, Fuchs im Stehlen, Wolf in Gier, Hund in Tollheit, Löwe in Raubsucht. Lass nicht das Knarren der Schuhe, noch das Rascheln der Seide dein armes Herz den Weibern verraten. Halte deinen Fuß fern von Bordellen, deine Hand von Schürzen, deine Feder von Schuldbüchern und trotze dem bösen Feind! Immer noch durch den Hagedorn saust der kalte Wind; ruft Summ, Mum: – Heinonino, Dauphin, mein Junge, Hurra! Lass ihn vorbei.

(Anhaltendes Ungewitter.)

LEAR. Nun, dir wäre besser in deinem Grabe, als so mit unbedecktem Leib dieser Wut der Lüfte begegnen. Ist der Mensch nicht mehr als das? – Betracht ihn recht! Du bist dem Wurm keine Seide schuldig, dem Tier kein Fell, dem Schaf keine Wolle, der Katze keinen Bisam. Ha, Drei von uns sind überkünstelt: du bist das Ding selbst; der natürliche Mensch ist nichts mehr, als solch ein armes, nacktes, zweizinkiges Tier wie du. Fort, fort, ihr Zutaten[50]! – Kommt, knöpft mich auf!

(Er reißt sich die Kleider ab.)

NARR. Ich bitt dich, Gevatter, lass gut sein; das ist eine garstige Nacht zum Schwimmen. Jetzt wär' ein kleines Feuer auf einer wüsten Heide wie eines alten Buhlers Herz; ein kleiner Funke, und der ganze übrige Körper kalt. Seht, hier kommt ein wandelndes Feuer. –

EDGAR. Das ist der böse Feind Flibbertigibbet; er kommt mit der Abendglocke und geht um bis zum ersten Hah-

50 *lendings* (geliehene Sachen).

nenschrei; er bringt den Star und den Schwind, macht
das Auge schielend und schickt Hasenscharten, ver-
schrumpft den weißen Weizen und quält die arme Kreatur auf Erden:

> Sankt Withold ins Feld dreimal wollt'
> schreiten:
> Kommt die Nachtmähr und ihre neun Füllen
> von Weitem;
> Da dräut er gleich:
> Entweich! Entweich!
> Und trolle dich, Alp, und troll dich!

KENT. Wie geht's, mein König?

(Gloster kommt mit einer Fackel.)

LEAR. Wer ist der?

KENT. Wer da? Wen sucht Ihr?

GLOSTER. Wer seid ihr? Eure Namen? –

EDGAR. Der arme Thoms, der den schwimmenden Frosch
isst, die Kröte, die Unke, den Kellermolch und den Was-
sermolch; der in der Wut seines Herzens, wenn der böse
Feind tobt, Kuhmist für Salat isst, die alte Ratte ver-
schlingt und den toten Hund; den grünen Mantel des
stehenden Pfuhls trinkt; gepeitscht wird von Kirchspiel
zu Kirchspiel und in die Eisen gesteckt, gestäupt und
eingekerkert; der drei Kleider hatte für seinen Rücken,
sechs Hemden für seinen Leib, zum Reiten ein Pferd,
zum Tragen ein Schwert: –

> Doch Mäus' und Ratten und solch Getier
> Aß Thoms sieben Jahr' lang für und für.

Hütet Euch vor meinem Verfolger! Still, Smolkin, still,
du böser Feind! –

GLOSTER. Wie, gnäd'ger Herr! Nicht bessere Gesellschaft?

EDGAR. Der Fürst der Finsternis ist ein Edelmann, Modo
  heißt er und Mahu.
GLOSTER.
    Ach unser Fleisch und Blut, Herr, ward so schlecht,
    Dass es die hasst, die es erzeugt. –
EDGAR.   Thoms friert! –
GLOSTER. Kommt mit mir, meine Treu erträgt es nicht,
    Zu folgen Eurer Töchter hartem Willen;
    Befahlen sie mir gleich, die Tür zu schließen
    Euch preiszugeben der tyrann'schen Nacht:
    Doch hab ich's drauf gewagt, Euch auszuspähn,
    Und führ Euch hin, wo Mahl bereit und Feuer.
LEAR. Erst red ich noch mit diesem Philosophen:
    Woher entsteht der Donner?
KENT. Mein teurer Herr! Nehmt seinen Vorschlag an,
    Geht in das Haus.
LEAR. Ein Wort mit diesem kundigen Thebaner: –
    Was ist dein Studium?
EDGAR. Den Teufel fliehn und Ungeziefer töten.
LEAR. Ein Wort mit Euch noch insgeheim.
KENT. Drängt ihn noch einmal mitzugehn, Mylord!
    (Das Ungewitter dauert fort.)
    Sein Geist beginnt zu schwärmen.
GLOSTER.   Kannst du's tadeln?
    Die Töchter suchen seinen Tod. Das sagt'st du
    Voraus, du guter Kent! Du armer Flüchtling!
    Du fürcht'st, der König wird verrückt; glaub mir,
    Fast bin ich's selber auch; ich hatt' 'nen Sohn,
    Verstoßen jetzt, er stand mir nach dem Leben
    Erst neulich, eben jetzt: – ich liebt' ihn, Freund,
    Mehr liebt' kein Vater je; ich sage dir,

Der Gram zerstört den Geist mir. Welche Nacht! –
Ich bitt eur' Hoheit –

LEAR.   O verzeiht;
Mein edler Philosoph! begleitet uns.

EDGAR. Thoms friert.

GLOSTER. Hinein, Bursch, in die Hütte, halt dich warm!

LEAR. Kommt all' hinein.

KENT.   Hierher, Mylord!

LEAR.   Mit ihm;
Ich bleibe noch mit meinem Philosophen.

KENT. Willfahrt ihm, Herr, gebt ihm den Burschen mit!

GLOSTER. So nehmt ihn mit.

KENT.   Du folg uns! Komm mit uns!

LEAR. Komm, mein Athener!

GLOSTER.   Nicht viel Worte, still! –

EDGAR. Herr Roland kam zum finstern Turm,
Sein Wort war stets: seid auf der Hut,
Ich wittr', ich wittre Britenblut. –
(Sie gehen alle ab.)

Fünfte Szene

Glosters Schloss.
(Es treten auf Cornwall und Edmund.)

CORNWALL. Ich will Rache an ihm, eh' ich sein Haus verlasse.

EDMUND. Mylord, wie man mich tadeln wird, dass ich so die Natur meinem Diensteifer geopfert, – daran denk ich mit Schaudern.

CORNWALL. Ich sehe nun ein, dass Euer Bruder nicht so ganz aus Bösartigkeit seinen Tod suchte; es war vielmehr ein treibendes Gefühl[51], durch die Schlechtigkeit des Alten erregt.

EDMUND. Wie heimtückisch ist mein Schicksal, dass ich bejammern muss, gerecht zu sein! – Hier ist der Brief, von dem er sprach, aus dem hervorgeht, dass er ein geheimer Anhänger der französischen Partei ist. O Himmel! dass dieser Verrat nicht wäre, oder ich nicht der Entdecker! –

CORNWALL. Kommt mit mir zur Herzogin.

EDMUND. Wenn der Inhalt dieses Briefes wahr ist, so habt Ihr wichtige Dinge zu erledigen.

CORNWALL. Wahr oder falsch, er hat dich zum Grafen von Gloster gemacht. Suche deinen Vater auf, dass er gleich zur Rechenschaft gezogen werde.

EDMUND *(beiseit).* Finde ich ihn beschäftigt, dem König beizustehn, so wird das den Argwohn noch verstärken. *(Laut.)* Ich will in meiner Treue fortfahren, wie schmerzlich auch der Kampf zwischen mir und meinem Herzen ist.

CORNWALL. Du sollst mein Vertrauen besitzen, und in meiner Liebe einen bessern Vater finden.
(Sie gehn ab.)

---

51 *provoking merit, set-a-work by a reprovable badness in himself* (anstößiges Verdienst, durch eigene tadelnswerte Bosheit veranlasst; Sinn unklar).

Sechste Szene

In einer Hütte.
(Kent und Gloster treten ein.)

GLOSTER. Hier ist's besser, als in der freien Luft; nehmt
es dankbar an; ich werde zu Eurer Bequemlichkeit hier
hinzufügen, was ich vermag; gleich bin ich wieder bei
Euch.

KENT. Alle Kraft seines Geistes ist seiner Ungeduld ge-
wichen. Die Götter lohnen Euch Eure Freundlichkeit! –
(Gloster geht ab.)
(Lear, Edgar und der Narr kommen herein.)

EDGAR. Frateretto ruft mir und sagt, Nero fische im Pfuhl
der Finsternis. *(Zum Narren.)* Bete, du Unschuldiger,
und hüte dich vor dem bösen Feind.

NARR. Bitt dich, Gevatter, sag mir, ist ein toller Mann ein
Edelmann oder ein Bürgersmann? –

LEAR. Ein König, ein König! –

NARR. Nein, 's ist ein Bürgersmann, der einen Edelmann
zum Sohn hat; denn der ist ein wahnsinniger Bürgersmann, der seinen Sohn früher als sich zum Edelmann
werden sieht.

LEAR.
Dass ihrer Tausend mit rotglüh'nden Spießen
Laut zischend auf sie stürzten! –

EDGAR. Der böse Feind beißt mich im Rücken.

NARR. Der ist toll, der auf die Zahmheit eines Wolfs baut,
auf die Gesundheit eines Pferdes, eines Knaben Liebe
oder einer Hure Schwur.

LEAR. Es soll geschehn, gleich sprech ich Euer Urteil.

(Zu Edgar.) Komm, setz dich her, du hochgelehrter
Richter;
Du weiser Herr, sitz hier *(Zum Narren.)*. Nun, ihr
Wölfinnen. –

EDGAR. Sieh, wie er steht und glotzt; – habt Ihr keine Augen vor Gericht, schöne Dame? –
Komm übern Bach, mein Liesel, zu mir.

NARR. Ihr Kahn ist nicht dicht,
Doch sagt sie dir's nicht,
Warum sie 'rüber nicht darf zu dir.

EDGAR. Der böse Feind verfolgt den armen Thoms mit der Stimme der Nachtigall. Hoptanz schreit in Thoms Bauch nach zwei Heringen. Krächze nicht, schwarzer Engel! Ich habe kein Futter für dich.

KENT. Nun, bester Herr? O steht nicht so betäubt!
Wollt Ihr Euch legen, auf den Kissen ruhn?

LEAR. Erst das Verhör. Bringt mir die Zeugen her!
(Zu Edgar.) Du, Ratsherr im Talar, nimm deinen
Platz;
(Zum Narrn.) Und du, sein Amtsgenoss der
Richterwürde,
Sitz ihm zur Seite. *(Zu Kent.)* Ihr seid auch
Geschworner,
Setzt Euch gleichfalls.

EDGAR. Lasst uns gerecht verfahren.
Schläfst oder wachst du, artiger Schäfer?
Deine Schäfchen im Korne gehen,
Und flötet nur einmal dein niedlicher Mund,
Deinen Schäfchen kein Leid soll geschehen.
Purr! die Katz' ist grau.

LEAR. Sprecht über die zuerst: 's ist Goneril. Ich schwöre

hier vor dieser ehrenwerten Versammlung, sie hat den
armen König, ihren Vater, mit Füßen getreten.

NARR. Kommt, Lady! Ist Eu'r Name Goneril?

LEAR. Sie kann's nicht leugnen.

NARR. Verzeiht! ich hielt Euch für 'nen Sessel.

LEAR. Und hier noch eine, deren scheeler Blick
    Ihr finstres Herz verrät. O haltet fest!
    He! Waffen, Waffen, Feuer, Schwert! –
                Bestechung!
    Du falscher Richter, lässt du sie entfliehn?

EDGAR. Gott erhalte dir deine fünf Sinne!

KENT. O Jammer! – Herr, wo ist nun die Geduld,
    Die Ihr so oft Euch rühmtet zu bewahren?

EDGAR *(beiseit)*.
    Meine Tränen nehmen so Partei für ihn,
    Dass sie mein Spiel verderben.

LEAR. Die kleinen Hunde, seht,
    Spitz, Mops, Blandine, alle belln mich an.

EDGAR. Thoms wird seinen Kopf nach ihnen werfen. Hinaus mit euch, ihr Kläffer! –
        Sei dein Maul schwarz oder weiß,
        Sei's von gift'gem Geifer heiß,
        Windspiel, Bullenbeißer, Jagdhund,
        Bracke, Pudel, Dogg' und Schlachthund,
        Lang- und Stumpfschwanz, all' ihr Köter,
        Hört ihr Thoms, so schreit ihr Zeter,
        Denn werf ich so den Kopf nach euch,
        Rennt ihr und springt in Graben und Teich.
    Du di du di, Sessa! – Kommt auf die Kirmes und den
Jahrmarkt! – Armer Thoms! – Dein Horn ist trocken.

LEAR. Nun lasst sie Regan anatomieren und sehn, was in

ihrem Herzen brütet.[52] Gibt's irgend eine Ursach in der Natur, die diese harten Herzen hervorbringt? – *(Zu Edgar.)* Euch, Herr, halte ich als einen meiner Hundert; nur gefällt mir der Schnitt Eures Habits nicht. Ihr werdet sagen, es sei persische Tracht; aber lasst ihn ändern.

KENT. Nun, teurer Herr, ruht hier und schlaft ein Weilchen.

LEAR. Macht keinen Lärm, macht keinen Lärm; zieht den Vorhang zu. So, so, so; wir wollen zur Abendtafel morgen früh gehn; so, so, so.

NARR. Und ich will am Mittag zu Bett gehn.

(Gloster kommt zurück.)

GLOSTER.

Komm her, Freund, sag, wo ist mein Herr, der König?

KENT. Hier, Herr! Doch stör ihn nicht, er ist von Sinnen.

GLOSTER. Du guter Mann, nimm ihn in deine Arme;
Von einem Vorschlag[53], ihn zu töten, hört' ich.
Ich hab 'ne Sänfte, leg ihn da hinein,
Und rasch nach Dover, wo du finden wirst
Schutz und Willkommen. Eil und nimm ihn auf; –
Säumst du 'ne halbe Stunde nur, so ist
Sein Leben, deins und aller, die ihn schützen,
Verloren ohne Rettung: fort denn, fort!
Und folge mir; ich schaffe, dich zu schützen,
Ein schnell Geleit.

KENT.   Schläfst du, erschöpfte Kraft?[54] –
Ein Balsam wärs für dein zerrissnes Leben,

---

52 *what breeds about her heart* (was um ihr Herz herum wuchert).
53 *plot* (Komplott).
54 *oppressed nature* (bedrängte Natur).

Das, ist dir solche Lindrung nicht vergönnt,
Wohl schwer gesundet. – *(Zum Narrn.)* Komm, hilf
                          deinem Herrn,
Du darfst zurück nicht bleiben.
GLOSTER.   Kommt hinweg!
(Kent, Gloster und der Narr tragen den König fort.)
(Edgar bleibt allein.)
EDGAR. Sehn wir den Größern tragen unsern Schmerz,
Kaum rührt das eigne Leid noch unser Herz.
Wer einsam duldet, fühlt die tiefste Pein,
Fern jeder Lust, trägt er den Schmerz allein:
Doch kann das Herz viel Leiden überwinden,
Wenn sich zur Qual und Not Genossen finden.
Mein Unglück dünkt mir leicht und minder scharf,
Da, was mich beugt, den König niederwarf;
Er kind-, ich vaterlos. Nun, Thoms, wohlan,
Merk auf den Sturm der Zeit; erschein erst dann,
Wenn die Verleumdung, deren Schmach dich
                          peinigt,
Beschämt durch Prüfung deinen Namen reinigt.
Komme was will zur Nacht: flieht nur der König! –
Gib acht! Gib acht!
(Geht ab.)

Siebente Szene

Glosters Schloss.
(Es treten auf Cornwall, Regan, Goneril, Edmund und Bediente.)

CORNWALL. Eilt sogleich zu Mylord, Eurem Gemahl: zeigt ihm diesen Brief: die französische Armee ist gelandet. Geht, sucht den Schurken Gloster.
(Einige Bediente gehn ab.)
REGAN. Hängt ihn ohne weiteres.
GONERIL. Reißt ihm die Augen aus.
CORNWALL. Überlasst ihn meinem Unwillen. Edmund, leistet Ihr unsrer Schwester Gesellschaft; die Rache, die wir an Eurem verräterischen Vater zu nehmen gezwungen sind, verträgt Eure Gegenwart nicht wohl. – Ermahnt den Herzog, wenn Ihr zu ihm kommt, zur schleunigsten Rüstung; wir sind zum Gleichen verpflichtet. Unsre Boten sollen schnell sein und das Verständnis zwischen uns erhalten. Lebt wohl, liebe Schwester, – lebt wohl, Mylord von Gloster!
(Haushofmeister tritt auf.)
CORNWALL. Nun? wo ist der König?
HAUSHOFMEISTER.
    Mylord von Gloster hat ihn fortgeführt.
    Fünf- oder sechsunddreißig seiner Ritter,
    Ihn eifrig suchend, trafen ihn am Tor,
    Und ziehn, nebst andern von des Lords Vasallen,
    Mit ihm nach Dover, wo sie rüst'ger Freunde
    Sich rühmen.
CORNWALL.   Schafft die Pferde Eurer Herrin!

GONERIL. Lebt wohl, Mylord und Schwester!
   (Goneril und Edmund gehn ab.)
CORNWALL.
   Edmund, leb wohl. – Sucht den Verräter Gloster,
   Bind't ihn, gleich wie 'nen Dieb, führt ihn hieher.
   Obgleich wir ihm nicht wohl ans Leben können
   Ohn' alle Rechtsform: doch soll unsre Macht
   Willfahren unserm Zorn, was man zwar tadeln,
   Nicht hindern mag. Wer kommt? Ist's der Verräter?
   (Bediente kommen mit Gloster.)
REGAN. Der undankbare Fuchs! Er ist's.
CORNWALL. Bind't ihm die welken Arme.
GLOSTER.
   Was meint Eur' Hoheit? Freunde, denkt, Ihr seid
   Hier meine Gäste; frevelt nicht an mir.
CORNWALL. Bind't ihn!
   (Gloster wird gebunden.)
REGAN.   Fest! Fest! O schändlicher Verräter!
GLOSTER. Du unbarmherz'ge Frau, das war ich nie. –
CORNWALL.
   Bind't ihn an diesen Stuhl: Schuft, du sollst sehn –
   (Regan zupft ihn am Barte.)
GLOSTER.
   Beim güt'gen Himmel, das ist höchst unedel,
   Zu raufen meinen Bart!
REGAN. So weiß, und solch ein Schelm!
GLOSTER.   Ruchlose Frau,
   Dies Haar, das du entreißest meinem Kinn,
   Verklagt dich droben einst; ich bin Eu'r Wirt;
   Ihr solltet nicht mit Räuberhand misshandeln
   Mein gastlich Angesicht. Was wollt Ihr tun?

CORNWALL. Sprecht, was für Briefe schrieb man Euch aus
                              Frankreich?
REGAN.
    Antwortet schlicht, wir wissen schon die Wahrheit.
CORNWALL.
    Und welchen Bund habt Ihr mit den Verrätern,
    Die jetzt gelandet sind?
REGAN. In wessen Hand gabt Ihr den tollen König?
    Sprecht!
GLOSTER.   Einen Brief erhielt ich voll Vermutung,
    Von jemand, der zu keiner Seite neigt,
    Und der nicht feindlich ist.
CORNWALL.   Ausflucht!
REGAN.   Und falsch.
CORNWALL. Wo sandtest du den König hin?
GLOSTER.   Nach Dover.
REGAN.
    Warum nach Dover? – Stand nicht dein Leben drauf –
CORNWALL. Warum nach Dover? Erst erklär er das.
GLOSTER. Am Pfahle fest muss ich die Hatze dulden.
REGAN. Warum nach Dover?
GLOSTER. Weil ich nicht wollte sehn, wie deine Nägel
    Ausrissen seine armen, alten Augen;
    Noch, wie die unbarmherzge Goneril
    In sein gesalbtes Fleisch die Hauer schlage.
    Die See, in solchem Sturm, wie er ihn barhaupt
    In höllenfinstrer Nacht erduldet, hätte
    Sich aufgebäumt, verlöscht die ew'gen Lichter:
    Doch armes, altes Herz, er half
    Dem Himmel regnen. Wenn ein Wolf geheult
    In jener grausen Nacht an deinem Tor,

Du hättst gerufen: Pförtner, tu doch auf! –
Wer grausam sonst, ward mild. Doch seh ich noch
Beschwingte Rach' ereilen solche Kinder.

CORNWALL. Sehn wirst du's nimmer. Halte fest den Stuhl,
Auf deine Augen setz ich meinen Fuß.

GLOSTER. Wer noch das Alter zu erleben hofft,
Der steh mir bei: – o grausam! O ihr Götter! –

REGAN. Eins wird das andre höhnen; jenes auch.

CORNWALL. Siehst du nun Rache? –

BEDIENTER.   Haltet ein, Mylord!
Seit meiner Kindheit hab ich Euch gedient,
Doch bessern Dienst erwies ich Euch noch nie,
Als jetzt Euch: Halt! zurufen.

REGAN.   Was, du Hund?

DIENER.
Wenn Ihr 'nen Bart am Kinne trügt, ich zaus't ihn
Bei solchem Streit; was habt Ihr vor?

CORNWALL.   Mein Sklav?
(Er zieht den Degen.)

DIENER.
Nun, dann nehmt hin, was Wut und Zufall bringen.
(Sie fechten; Cornwall wird verwundet.)

REGAN *(zu einem Bedienten).*
Gib mir dein Schwert; lehnt sich ein Bauer auf?
(Sie durchsticht ihn von hinten.)

DIENER. O ich bin hin! Mylord, Euch blieb Ein Auge,
Die Straf' an ihm zu sehn. – O!
(Er stirbt.)

CORNWALL. Dafür ist Rat: heraus, du schnöder Gallert! –
Wo ist dein Glanz nun?

GLOSTER.   Alles Nacht und trostlos.

Wo ist mein Sohn Edmund? –
Edmund, schür alle Funken der Natur,
Und räche diesen Greul.
REGAN.   Ha, falscher Bube,
Du rufst den, der dich hasst; er selber war's,
Der deinen Hochverrat entdeckt; er ist
Zu gut, dich zu bedauern.
GLOSTER.   O mein Wahnsinn!
Dann tat ich Edgar Unrecht.
Götter, vergebt mir das, und segnet ihn! –
REGAN. Fort, werft ihn aus dem Tor, dann mag er riechen
Den Weg nach Dover. Wie ist Euch, Herr? – Wie
                     geht's?
(Gloster wird weggebracht.)
CORNWALL.
Er schlug mir eine Wunde. – Folgt mir, Lady!
Hinaus den blinden Schurken! Diesen Hund
Werft auf den Mist. Regan, ich blute stark;
Dies kommt zur Unzeit. Gib mir deinen Arm.
(Regan führt Cornwall ab.)
ERSTER DIENER.[55] Ich achte nicht, was ich für Sünde tu,
Wenn's dem noch wohl geht.
ZWEITER DIENER.   Lebt sie lange noch,
Und endigt leichten Tods nach altem Brauch,
So werden alle Weiber Ungeheuer.
ERSTER DIENER.
Ihm nach, dem alten Grafen; schafft den Tollen,

---

55 Der folgende Dialog findet sich nur in Q. Dort sprechen der
Zweite und der Dritte Diener; der (Erste) Diener ist ja bereits er-
mordet.

Dass er ihn führen mag; sein Bettler-Wahnsinn
Lässt sich zu allem brauchen.
ZWEITER DIENER. Geh nur, ich hol ihm Flachs und
Eierweiß,
Es auf sein blutiges Gesicht zu legen;
Der Himmel helf' ihm! –
(Sie gehn ab nach verschiednen Seiten.)

Vierter Akt

Erste Szene

Freies Feld.
(Edgar tritt auf.)

EDGAR. Doch besser so und sich verachtet wissen,
   Als stets verachtet und geschmeichelt sein.
   Ist man ganz elend,
   Das niedrigste, vom Glück geschmäht'ste Wesen,
   Lebt man in Hoffnung noch und nicht in Furcht.
   Beweinenswerter Wechsel trifft nur Bestes,
   Das Schlimmste kehrt zum Lachen. Drum
                     willkommen,
   Du wesenlose Luft, die ich umfasse! –
   Der Ärmste, den du warfst ins tiefste Elend,
   Fragt nichts nach deinen Stürmen. – Doch, wer
                     kommt hier?
   (Gloster von einem alten Manne geführt.)
   Mein Vater, bettlergleich, geführt? Welt, Welt, o
                     Welt!
   Lehrt' uns dein seltsam Wechseln dich nicht hassen,
   Das Leben beugte nimmer sich dem Alter. –
ALTER MANN. O lieber, gnäd'ger Herr, ich war Euer
   Pächter, und Eures Vaters Pächter an die achtzig Jahre.
GLOSTER. Geh deines Wegs, verlass mich, guter Alter;
   Dein Beistand kann mir doch nicht nützlich sein,
   Dir möcht' er schaden.
ALTER MANN.
   Ach, Herr, Ihr könnt ja Euren Weg nicht sehn.

GLOSTER. Ich habe keinen, brauch drum keine Augen;
Ich strauchelt', als ich sah. Oft zeigt sich's, Mangel
Wird uns zum Heil, und die Entbehrung selbst
Gedeiht zur Hülfe.[56] O mein Sohn! mein Edgar,
Den des betrognen Vaters Zorn vernichtet! –
Erlebt' ich noch, umarmend dich zu sehn,
Dann spräch ich, wieder hab ich Augen! –
ALTER MANN.   Wer da?
EDGAR *(beiseit).*
Gott, wer darf sagen: schlimmer kann's nicht werden?
's ist schlimmer nun als je.
ALTER MANN.   Der tolle Thoms! –
EDGAR *(beiseit).* Und kann noch schlimmer gehn; 's ist
                                        nicht das Schlimmste,
So lang' man sagen kann: dies ist das Schlimmste.
ALTER MANN. Wo willst du hin, Gesell?
GLOSTER.   Ist er ein Bettler?
ALTER MANN. Ein Toller und ein Bettler.
GLOSTER.
Er hat Vernunft noch, sonst könnt' er nicht betteln;
Im letzten Nachtsturm sah ich solchen Wicht,
Und für 'nen Wurm musst' ich den Menschen halten;
Da kam mein Sohn mir ins Gemüt, und doch
War mein Gemüt ihm damals kaum befreundet.
Seitdem erfuhr ich mehr; was Fliegen sind
Den müß'gen Knaben, das sind wir den Göttern;
Sie töten uns zum Spaß.

56 *Our means secure us and our mere defects / Prove our commo-*
dities (Unser Besitz macht uns sicher, und unsere bloßen Fehler
erweisen sich als Vorteile).

EDGAR *(beiseit).* Ist mir's denn möglich?

Ein schlecht Gewerb, beim Gram den Narren spielen;
Man ärgert sich und andre. *(Laut.)* Grüß Euch Gott! –

GLOSTER. Ist das der nackte Bursch?

ALTER MANN. Ja, gnäd'ger Herr.

GLOSTER.

Dann geh, mein Freund. Willst du uns wieder treffen,
Ein, zwei, drei Meilen weiter auf der Straße
Nach Dover zu, so tu's aus alter Liebe,
Und bring 'ne Hülle für die nackte Seele:
Er soll mich führen.

ALTER MANN. Ach! er ist ja toll! –

GLOSTER.

's ist Fluch der Zeit, dass Tolle Blinde führen! –
Tu, was ich bat, oder auch, was du willst;
Vor allem geh.

ALTER MANN. Den besten Anzug hol ich, den ich habe,
Entstehe draus, was mag.
(Er geht ab.)

GLOSTER. Hör, nackter Bursch!

EDGAR. Der arme Thoms friert. *(Beiseit.)* Ich halte mich
nicht länger!

GLOSTER. Komm her, Gesell!

EDGAR *(beiseit).* Und doch, ich muss.
(Laut.) Gott schütz die lieben Augen dir, sie bluten. –

GLOSTER. Weißt du den Weg nach Dover?

EDGAR. Steg' und Hecken, Fahrweg und Fußpfad. Der ar-
me Thoms ist um seine gesunden Sinne gekommen.
Gott schütze dich, du gutes Menschenkind, vorm bösen
Feind! Fünf Teufel waren zugleich im armen Thoms: der
Geist der Lust, Obidicut; Hoptanz, der Fürst der

Stummheit; Mahu, des Stehlens; Modu, des Mords; und
Flibbertigibbet, der Grimassenteufel, der seitdem in die
Zofen und Stubenmädchen gefahren ist. Gott helfe dir,
Herr! –

GLOSTER.

Hier nimm die Börse, du, den Zorn des Himmels
Zu jedem Fluch gebeugt; dass ich im Elend,
Macht dich beglückter. – So ist's recht, ihr Götter! –
Lasst stets den üpp'gen, wollusttrunknen Mann,
Der Eurer Satzung trotzt, der nicht will sehen,
Weil er nicht fühlt, schnell Eure Macht empfinden:
Verteilung tilgte dann das Übermaß
Und jeder hätte g'nug. Sag, weißt du Dover?

EDGAR. Ja, Herr!

GLOSTER. Dort ist ein Fels, des hohe steile Klippe
Furchtbar hinabschaut in die jähe Tiefe.
Bring mich nur hin an seinen letzten Rand;
Und lindern will ich deines Elends Bürde,
Mit einem Kleinod – von dem Ort bedarf
Ich keines Führers mehr.

EDGAR.   Gib mir den Arm
Thoms will dich führen.
(Sie gehn ab.)

Zweite Szene

Schloss des Herzogs von Albanien.
(Es treten auf Goneril und Edmund, von der andern Seite
der Haushofmeister.)

GONERIL. Willkomm'n, Mylord! mich wundert, dass mein
    sanfter Mann uns nicht entgegen kam. – Wo ist dein
    Herr?
HAUSHOFMEISTER.
    Drinn', gnäd'ge Frau; doch ganz und gar verändert.
    Ich sagt' ihm von dem Heer, das jüngst gelandet,
    Da lächelt' er; ich sagt' ihm, dass Ihr kämt;
    Er rief: so schlimmer! Als ich drauf berichtet
    Von Glosters Hochverrat und seines Sohnes
    Getreuem Dienst, da schalt er mich 'nen Dummkopf,
    Und sprach, dass ich verkehrt die Sache nähme;
    Was ihm missfallen sollte, scheint ihm lieb,
    Was ihm gefallen, leid.
GONERIL *(zu Edmund).*   Dann geht nicht weiter;
    's ist die verzagte Feigheit seines Geists,
    Die nichts zu unternehmen wagt: kein Unrecht
                    rührt ihn,
    Soll er die Spitze bieten. Unser Wunsch
    Von unterwegs kann in Erfüllung gehn;
    Eilt denn zurück zu meinem Bruder, Edmund,
    Beschleunigt seine Rüstung, führt sein Heer;
    Ich muss die Waffen wechseln und die Kunkel
    Dem Manne geben. Dieser treue Diener
    Soll unser Bote sein; bald hört Ihr wohl,
    Wenn Ihr zu Eurem Vorteil wagen wollt,

Was Eure Dame wünscht. Tragt dies; kein Wort; –
Neigt Euer Haupt: der Kuss, dürft' er nur reden,
Erhöbe dir den Mut in alle Lüfte; –
Versteh mich und leb wohl.

EDMUND. Dein in den Reih'n des Tods.

(Er geht ab.)

GONERIL.   Mein teurer Gloster!
O welch ein Abstand zwischen Mann und Mann! –
Ja dir gebührt des Weibes Gunst; mein Narr
Besitzt mich wider Recht.

HAUSHOFMEISTER. Der Herzog, gnäd'ge Frau!

(Haushofmeister geht ab.)
(Albanien tritt auf.)

GONERIL. Sonst war ich doch des Pfeifens wert! –

ALBANIEN.   O Goneril,
Du bist des Staubs nicht wert, den dir der Wind
Ins Antlitz webt. Ich fürchte dein Gemüt: –
Ein Wesen, das verachtet seinen Stamm,
Kann nimmer fest begrenzt sein in sich selbst.
Sie, die vom mütterlichen[57] Baum sich löst,
Und selber abzweigt, muss durchaus verwelken
Und Todeswerkzeug sein.

GONERIL.   Nicht mehr, der Text ist albern.

ALBANIEN. Weisheit und Tugend scheint dem Schlechten
                              schlecht;
Schmutz riecht sich selber nur. Was tatet ihr?
Tiger, nicht Töchter, was habt ihr verübt! –
Ein Vater und ein gnadenreicher Greis,
Den wohl der zott'ge Bär in Ehrfurcht leckte –

---

57 Q: *material* (nährend); in F fehlt die Stelle.

O Schmach! O Schandtat! fiel durch Euch in
                              Wahnsinn!
Und litt mein edler Bruder solche Tat,
Ein Mann, ein Fürst, der ihm so viel verdankt? –
Schickt nicht der Himmel sichtbar seine Geister
Alsbald herab, zu zügeln diese Greu'l?
Muss Menschheit an sich selbst zum Raubtier
                              werden,
Wie Ungeheu'r der Tiefe.

GONERIL.   Milchherz'ger Mann!
Der Wangen hat für Schläg', ein Haupt für Schimpf,
Dem nicht ein Auge ward, zu unterscheiden,
Was Ehre sei, was Kränkung; der nicht weiß,
Dass Toren nur den Schuft bedauern, der
Bestraft ward, eh' er fehlt. – Was schweigt die
                              Trommel?
Frankreichs Panier weht hier im stillen Land;
Mit stolzem Helmbusch droht dein Mörder schon,
Und du, ein Tugendnarr, bleibst still und stöhnst:
Ach warum tut er das?

ALBANIEN.   Schau auf dich, Teufel;
Die eigne Hässlichkeit ist nicht am Satan
So graunvoll, als am Weibe.

GONERIL.   Blöder Tor!

ALBANIEN.
Schmach dir, entstellt, verwandelt Wesen, mach
Dein Antlitz nicht zum Scheusal! Ziemte mir's,
Dass diese Hand gehorchte meinem Blut,
Sie möchte leicht zerreißen dir und trennen
Fleisch und Gebein! Wie sehr du Teufel bist,
Die Weibsgestalt beschützt dich.

GONERIL. Ei, welche Mannheit nun![58] –
    (*Ein Bote tritt auf.*)
ALBANIEN.   Was bringst du Neues?
BOTE. O gnäd'ger Herr, tot ist der Herzog Cornwall;
    Ihn schlug sein Knecht, als er ausreißen wollte
    Graf Glosters zweites Auge.
ALBANIEN.   Glosters Augen?
BOTE. Ein Knecht, den er erzog, gereizt von Mitleid,
    Die Tat zu hindern, zückte seinen Degen
    Auf seinen großen Herrn – der, drob ergrimmt,
    Ihn rasch mit andrer Hülfe niederstieß –
    Doch traf ihn schon der Todesstreich, der jetzt
    Ihn nachgeholt.
ALBANIEN.   Das zeigt, Ihr waltet droben,
    Ihr Richter, die so schnell der Erde Freveln
    Die Rache senden. Doch, o armer Gloster,
    Verlor er beide Augen?
BOTE.   Beide, Herr!
    Der Brief, Mylady, fordert schnelle Antwort,
    Er kommt von Eurer Schwester.
GONERIL (*beiseit*).   Halb gefällt's mir;
    Doch, da sie Witwe, und bei ihr mein Gloster,
    Könnt' all der luft'ge Bau zusammenstürzen
    Auf mein verhasstes Leben. Andrerseits
    Mundet die Nachricht wenig.[59] Ich will lesen,
    Und Antwort senden.
    (*Sie geht ab.*)
ALBANIEN. Wo war sein Sohn, als sie ihn blendeten?

58 Es folgt in Q: *mew!* (miau!)
59 *is not so tart* (ist nicht so bitter).

BOTE. Er kam mit Eurer Gattin.

ALBANIEN. Er ist nicht hier.

BOTE.

Mein gnäd'ger Herr, ich traf ihn auf dem Rückweg.

ALBANIEN. Weiß er die Greueltat?

BOTE. Ja, gnäd'ger Herr! Er war's, der ihn verriet,
Und den Palast vorsätzlich mied, der Strafe
So freiern Lauf zu lassen.

ALBANIEN. Ich lebe, Gloster,
Die Treu', die du dem König zeigst, zu lohnen,
Und dein Gesicht zu rächen! – Folg mir Freund,
Und sag mir, was du sonst noch weißt.
(Sie gehn ab.)

Dritte Szene

Das französische Lager bei Dover.
(Es treten auf Kent und ein Ritter.)

KENT. Warum der König von Frankreich so plötzlich zu-
rückgegangen ist: wisst Ihr die Ursach?

EDELMANN.

Es war ein Staatsgeschäft noch nicht vollendet,
Das nach der Landung er bedacht; es drohte
Dem Königreich so viel Gefahr und Schrecken,
Dass eigne Gegenwart höchst dringend schien
Und unvermeidlich.

KENT. Wen ließ er hier zurück als seinen Feldherrn?

EDELMANN.

Den Marschall Frankreichs, Monseigneur le Fèr.

KENT. Reizten Eure Briefe die Königin nicht zu Äußerun-
gen des Schmerzes?

EDELMANN.

Jawohl, sie nahm sie, las in meinem Beisein,
Und dann und wann rollt' eine volle Träne
Die zarte Wang' herab; es schien, dass sie
Als Kön'gin ihren Schmerz regierte, der
Rebellisch wollt' Ihr König sein.

KENT.   O dann
Ward sie bewegt.

EDELMANN.

Doch nicht zum Zorn. Geduld und Kummer stritten.
Wer ihr den stärksten Ausdruck lieh. Ihr saht
Regen zugleich und Sonnenschein: ihr Lächeln
Und ihre Tränen war wie Frühlingstag.[60]
Dies sel'ge Lächeln, das die frischen Lippen
Umspielte, schien, als wiss' es um die Gäste
Der Augen nicht, die so von diesen schieden,
Wie Perlen von Demanten tropfen. Kurz,
Der Gram würd' als ein Schatz gesucht, wenn jeden
Er also schmückte.

KENT.   Hat sie nichts gesprochen?[61]

EDELMANN. Ja, mehrmals seufzte sie den Namen Vater
Stöhnend hervor, als presst' er ihr das Herz:
Rief: Schwestern! Schwestern! Schmach der Frauen!
                              Schwestern!
Kent! Vater! Schwestern! Was, in Sturm und Nacht?

60 *were like, a better way* (waren einander ähnlich, auf bessere Art).
61 *Made she no verbal question?* (Hat sie keine ausdrückliche Frage
gestellt?)

Glaubt an kein Mitleid mehr! Dann strömten ihr
Die heil'gen Tränen aus den Himmelsaugen,
Und netzten ihren Laut; sie stürzte fort,
Allein mit ihrem Gram zu sein.

KENT.   Die Sterne,
Die Sterne bilden unsre Sinnesart,
Sonst zeugte nicht so ganz verschiedne Kinder
Ein und dasselbe Paar. – Spracht Ihr sie noch?

EDELMANN. Nein.

KENT. War's vor des Königs Reise?

EDELMANN.   Nein, hernach.

KENT. Gut, Herr!
Der arme kranke Lear ist in der Stadt;
Manchmal in bessrer Stimmung wird's ihm klar,
Warum wir hier sind, und auf keine Weise
Will er die Tochter sehn.

EDELMANN.   Weshalb nicht, Herr? –

KENT. Ihn überwältigt so die Scham – sein harter Sinn,
Der seinen Segen ihr entzog, sie preisgab
Dem fremden Zufall, und ihr teures Erbrecht
Den hünd'schen Schwestern lieh, – das alles sticht
So giftig ihm das Herz, dass glüh'nde Scham
Ihn von Cordelien fern hält.

EDELMANN.   Armer Herr!

KENT.
Wisst Ihr von Cornwalls und Albaniens Macht?

EDELMANN. 's ist, wie gesagt, sie stehn im Feld.

KENT. Ich bring Euch jetzt zu unserm König Lear,
Und lass ihn Eurer Pflege. Wicht'ge Gründe
Gebieten, mich verborgen noch zu halten;
Geb' ich mich kund, so wird's Euch nicht gereuen,

Dass Ihr mich jetzt gekannt. Ich bitt Euch, kommt,
Begleitet mich.
(Sie gehn ab.)

Vierte Szene

Freies Feld.
(Trommeln und Fahnen. Cordelia, ein Arzt, Gefolge,
Edelleute und Soldaten treten auf.)

CORDELIA. O Gott, er ist's; man traf ihn eben noch,
    In Wut, wie das empörte Meer; laut singend,
    Bekränzt mit wildem Erdrauch, Windenranken,
    Mit Kletten[62], Schierling, Nesseln, Kuckucksblumen,
    Und allem müß'gen Unkraut, welches wächst
    Im nährenden Weizen. Hundert schickt und mehr;
    Durchforscht jedwedes hochbewachsne Feld
    Und bringt ihn zu uns. Was vermag die Kunst,
    Ihm herzustellen die beraubten Sinne?
    Er, der ihn heilt, nehm' alle meine Schätze.
ARZT. Es gibt noch Mittel, Fürstin!
    Die beste Wärt'rin der Natur ist Ruhe,
    Die ihm gebricht; und diese ihm zu schenken,
    Vermag manch' wirksam Heilkraut, dessen Kraft
    Des Wahnsinns Augen schließen wird.
CORDELIA. All' ihr gesegneten, geheimen Wunder,
    All' ihr verborgnen Kräfte der Natur,
    Sprießt auf durch meine Tränen! Lindert, heilt

62 *hardocks* (Ampfer).

Des guten Greises Weh! Sucht, sucht nach ihm,
Eh seine blinde Wut das Leben lös't,
Das sich nicht führen kann.
(Ein Bote tritt auf.)
BOTE.   Vernehmt, Mylady,
Die brit'sche Macht ist auf dem Zug hieher.
CORDELIA. Man wusst' es schon; und wir sind vorbereitet
Sie zu empfangen. O, mein teurer Vater,
Für deine Wohlfahrt hab ich mich gerüstet,
Drum hat der große Frankreich
Mein Trauern, meiner Tränen Flehn erhört.
Nicht luft'ger Ehrgeiz treibt uns zum Gefecht,
Nur brünst'ge Lieb' und unsers Vaters Recht;
Möcht' ich doch bald ihn sehn und ihn vernehmen!
(Sie gehn ab.)

Fünfte Szene

Regans Schloss.
(Es treten auf Regan und der Haushofmeister.)

REGAN. Doch steht des Bruders Macht im Feld?
HAUSHOFMEISTER.   Ja, Fürstin.
REGAN. Er selbst zugegen?
HAUSHOFMEISTER.   Ja, mit vieler Not;
Eure Schwester ist der bessere Soldat.
REGAN. Lord Edmund sprach mit deinem Herzog nicht?
HAUSHOFMEISTER. Nein, gnäd'ge Frau!
REGAN. Was mag der Schwester Brief an ihn enthalten?
HAUSHOFMEISTER. Ich weiß nicht, Fürstin.

REGAN. Gewiss, ihn trieb ein ernst Geschäft von hier.
    Sehr töricht war's, dem Gloster nach der Blendung
    Das Leben lassen; wohin er kommt, bewegt er
    Die Herzen wider uns. Edmund, vermut ich,
    Aus Mitleid seines Elends, ging zu enden
    Sein nächtlich Dasein, und erforscht zugleich
    Des Feindes Stärke.
HAUSHOFMEISTER.
    Ich muss durchaus ihm nach mit meinem Brief.
REGAN. Das Heer rückt morgen aus; bleibt hier mit uns;
    Gefährlich sind die Weg'.
HAUSHOFMEISTER.   Ich darf nicht, Fürstin;
    Mylady hat mir's dringend eingeschärft.
REGAN. Was brauchte sie zu schreiben? Könnt'st du nicht
    Mündlich bestellen dein Geschäft? – Vielleicht –
    Etwas – ich weiß nicht was: – ich will dir gut sein,
    Lass mich den Brief entsiegeln.
HAUSHOFMEISTER.   Lieber möcht' ich –
REGAN. Ich weiß, die Herzogin hasst ihren Gatten:
    Das ist gewiss; bei ihrem letzten Hiersein
    Liebäugte sie mit sehr beredten Blicken
    Dem edlen Edmund; du bist ihr Vertrauter.
HAUSHOFMEISTER. Ich, Fürstin?
REGAN. Ich rede mit Bedacht: ich weiß, du bist's.
    Drum rat ich dir, nimm diese Weisung an:
    Mein Mann ist tot; Edmund und ich sind einig;
    Und besser passt er sich für meine Hand,
    Als deiner Herrin: – schließe weiter selbst.
    Wenn du ihn find'st, so bitt ich, gib ihm dies;
    Und wenn's die Herzogin von dir vernimmt,
    Ermahne sie, Vernunft zu Rat zu ziehn.

Und somit lebe wohl!
Triffst du vielleicht den blinden Hochverräter,
Ein reicher Lohn wird dem, der ihn erschlägt.

HAUSHOFMEISTER.
Ich wollt', ich fänd' ihn, Fürstin, dass Ihr säht,
Mit wem ichs halte.

REGAN.   So gehab dich wohl!
(Sie gehn ab.)

Sechste Szene

Gegend bei Dover.
(Es treten auf Gloster und Edgar in Bauerntracht.)

GLOSTER. Wann kommen wir zum Gipfel dieses Bergs?
EDGAR. Ihr klimmt hinan, seht nur, wie schwer es geht! –
GLOSTER. Mich dünkt, der Grund ist eben.
EDGAR.   Furchtbar steil!
Horcht! Hört Ihr nicht die See?
GLOSTER.   Nein, wahrlich nicht! –
EDGAR. Dann wurden Eure andern Sinne stumpf
Durch Eurer Augen Schmerz.
GLOSTER.   Das mag wohl sein.
Mich dünkt, dein Laut ist anders, und du sprichst
Mit besserm Sinn und Ausdruck, als zuvor.
EDGAR. Ihr täuscht Euch sehr; ich bin in nichts verändert
Als in der Tracht.
GLOSTER.   Mich dünkt, du sprächest besser.
EDGAR. Kommt, Herr, hier ist der Ort: steht still! wie
                              graunvoll

Und schwindelnd ist's, so tief hinab zu schaun! –
Die Kräh'n und Dohlen, die die Mitt' umflattern,
Sehn kaum wie Käfer aus – halbwegs hinab
Hängt einer, Fenchel sammelnd, – schrecklich
                   Handwerk!
Mich dünkt, er scheint nicht größer, als sein Kopf.
Die Fischer, die am Strande gehn entlang,
Sind Mäusen gleich; das hohe Schiff am Anker
Verjüngt zu seinem Boot; das Boot zum Tönnchen
Beinah zu klein dem Blick; die dumpfe Brandung,
Die murmelnd auf zahllosen Kieseln tobt,
Schallt nicht bis hier. – Ich will nicht mehr hinabsehn,
Dass nicht mein Hirn sich dreht, mein wirrer Blick
Mich taumelnd stürzt hinab.

GLOSTER.   Stell mich, wo du stehst.

EDGAR. Gebt mir die Hand: Ihr seid nur einen Fuß
Vom letzten Rand. Für alles unterm Mond
Tät' ich hier keinen Sprung.

GLOSTER.   Lass mich nun los.
Hier, Freund, ist noch ein Beutel, drin ein Kleinod,
Kostbar genug dem Armen. Feen und Götter
Gesegnen dir's! Geh nun zurück, mein Freund:
Nimm Abschied; lass mich hören, dass du gehst.

EDGAR. Lebt wohl denn, guter Herr!

GLOSTER.   Von ganzem Herzen.

EDGAR. So spiel ich nur mit dem Verzweifelnden,
Um ihn zu heilen.

GLOSTER.   O ihr mächt'gen Götter!
Der Welt entsag ich, und vor Euerm Blick
Schüttl' ich geduldig ab mein großes Leid.
Könnt' ich es länger tragen ohne Hader

Mit Euerm unabwendbar ew'gen Rat,
So möchte wohl mein müder Lebensdocht
Von selbst verglimmen. Wenn mein Edgar lebt –
O segnet ihn! – Nun, Freund, gehab dich wohl!

EDGAR. Bin fort schon; lebt denn wohl!
(Gloster springt und fällt zur Erde.)
Und weiß ich, ob nicht Phantasie den Schatz
Des Lebens rauben kann, wenn Leben selbst
Dem Raub sich preis gibt? War er, wo er dachte,
Jetzt dächt' er nicht mehr. – Lebend oder tot? –
He, guter Freund! – Herr, hört Ihr? – Sprecht! –
So könnt' er wirklich sterben – Nein, er lebt.
Wer seid Ihr, Herr? –

GLOSTER.   Hinweg und lass mich sterben.

EDGAR. Wärst du nicht Fadensommer, Federn, Luft,
So viele Klafter tief kopfüber stürzend,
Du wärst zerschellt, gleich einem Ei. Doch atmest du,
Hast Körperschwere, blut'st nicht, sprichst,
                            bist ganz.
Zehn Mastbäum' auf einander sind so hoch nicht,
Als steilrecht du hinabgefallen bist.
Ein Wunder, dass du lebst! sprich noch einmal.

GLOSTER. Doch fiel ich oder nicht? –

EDGAR. Vom furchtbarn Gipfel dieser kreid'gen Klippe.
Sieh nur hinauf, man kann die schrill'nde Lerche
So hoch nicht sehn noch hören; sieh hinauf! –

GLOSTER. Ach Gott! Ich habe keine Augen.
Ward auch die Wohltat noch versagt dem Elend,
Durch Tod zu endigen? Trost war's doch immer,
Als Jammer der Tyrannen Wut sich konnte
Entziehn und seine stolze Willkür täuschen.

EDGAR. Gebt mir den Arm! –

Auf! – So! Wie geht's? Fühlt Ihr die Beine – Steht? –

GLOSTER. Zu gut! zu gut!

EDGAR.   Das nenn' ich wunderseltsam!
Dort auf der Klippe Rand, welch Ding war das,
Das von Euch wich?

GLOSTER.   Ein armer Bettler war's.

EDGAR. Hier unten schienen seine Augen mir
Zwei Monden; tausend Nasen hatt' er Hörner
Gekrümmt, und wogte, wie's empörte Meer:[63]
Ein Teufel war's. Drum denk, beglückter Alter,
Dass höchste Götter, die zum Ruhm vollführen,
Was uns unmöglich scheint, dich retteten.

GLOSTER. Ja, das erkenn ich jetzt. Ich will hinfort
Mein Elend tragen, bis es ruft von selbst:
Genug, genug, und stirb! Das Ding, wovon
Ihr sprecht, schien mir ein Mensch; oft rief es aus:
Der böse Feind! – Er führte mich dahin.

EDGAR. Seid ruhig und getrost! Doch wer kommt da? –
*(Lear tritt auf, phantastisch mit Blumen und Kränzen
aufgeschmückt.)*
Gesunder Sinn wird nimmer seinen Herrn
So ausstaffieren.

LEAR. Nein, wegen des Weinens können sie mir nichts
tun; ich bin der König selbst.

EDGAR. O herzzerreißender Anblick! –

LEAR. Natur ist hierin mächtiger, als die Kunst – Da ist
Euer Handgeld. Der Bursch führt seinen Bogen wie eine

---

63 *Horns whelk'd and waved like the enridged sea* (Hörner gedreht
und gewellt wie das gefurchte Meer).

Vogelscheuche. Spannt mir eine volle Tuchmacherelle, –
sieh, sieh, eine Maus – still, still, dies Stück gerösteter
Käse wird gut dazu sein. – Da ist mein Panzerhand-
schuh; gegen einen Riesen verfecht ich's. Die Hellebar-
den her! – O schön geflogen, Vogel. Ins Schwarze, ins
Schwarze! Hui! – Gebt die Parole!

EDGAR. Süßer Majoran. –

LEAR. Passiert.

GLOSTER. Die Stimme kenn ich.

LEAR. Ha, Goneril! – Mit 'nem weißen Bart! Sie schmei-
chelten mir wie Hunde,[64] und erzählten mir, ich hätte weiße Haare im Bart, ehe die schwarzen kamen. – Ja
und Nein zu sagen zu allem, was ich sagte! – Ja und
Nein zugleich, das war keine gute Theologie. Als der Regen einst kam, mich zu durchnässen, und der Wind
mich schauern machte, und der Donner auf mein Ge-
heiß nicht schweigen wollte, da fand ich sie, da spürte
ich sie aus. Nichts da, es ist kein Verlass auf sie; sie sagten
mir, ich sei a l l e s: das ist eine Lüge, ich bin nicht fieber-
fest.

GLOSTER. Den Ton von dieser Stimme kenn ich wohl:
　　　Ist's nicht der König?

LEAR.　　　　　　　　Ja, jeder Zoll ein König –
　　　Blick ich so starr, sieh, bebt der Untertan. –
　　　Dem schenk ich's Leben: was war sein Vergehn?
　　　Ehbruch! –
　　　Du sollst nicht sterben. Tod um Ehbruch – ? – Nein!
　　　Der Zeisig tut's, die kleine goldne Fliege,
　　　Vor meinen Augen buhlt sie.

64 *like a dog* (wie einem Hund).

Lasst der Vermehrung Lauf! – Denn Glosters Bastard
Liebte den Vater mehr, als meine Töchter,
Erzeugt im Ehbett.
Dran, Unzucht! Frisch auf, denn ich brauch
                          Soldaten. –
Sieh dort die ziere Dame,
Ihr Antlitz weissagt Schnee in ihrem Schoß;
Sie spreizt sich tugendlich und dreht sich weg,
Hört sie die Lust nur nennen:
Und doch sind Iltis nicht und hitz'ge[65] Stute
So ungestüm in ihrer Brunst.
Vom Gürtel nieder sind's Zentauren,
Wenn auch von oben Weib; nur bis zum Gürtel
Sind sie den Göttern eigen: jenseit alles
Gehört den Teufeln, dort ist Hölle, Nacht,
Dort ist der Schwefelpfuhl, Brennen, Sieden,
                          Pestgeruch,
Verwesung, – pfui, pfui, pfui! – Pah! Pah! –
Gib etwas Bisam, guter Apotheker,
Meine Phantasie zu würzen. Da ist Go[e]ld für dich.

GLOSTER. O lass die Hand mich küssen! –

LEAR. Lass mich sie erst abwischen; sie riecht nach dem
                          Grabe.

GLOSTER.

O du zertrümmert Meisterstück der Schöpfung! –
So nutzt das große Weltall einst sich ab
Zu nichts. Kennst du mich wohl?

LEAR. Ich erinnere mich deiner Augen recht gut: blinzelst
du mir zu? – Nein, tu dein Ärgstes, blinder Cupido; ich

---

65 *soiled* (wohlgenährt).

will nicht lieben. Lies einmal diese Herausforderung;
sieh nur die Schriftzüge! –

GLOSTER. Wär' jede Letter Sonn', ich säh' nicht eine.

EDGAR.

Nicht glauben wollt' ich's dem Gerücht; es ist so,
Und bricht mein Herz.

LEAR. Lies!

GLOSTER. Was, mit den Höhlen der Augen?

LEAR. Oho, stehn wir so miteinander? Keine Augen im
Kopf, kein Geld im Beutel? – Höhlten sie dir die Augen
und holten dir den Beutel? Doch siehst du, wie die Welt
geht!

GLOSTER. Ich seh es fühlend.

LEAR. Was, bist du toll? – Kann man doch sehn, wie es in
der Welt hergeht ohne Augen. Schau mit dem Ohr; sieh,
wie jener Richter auf jenen einfältigen Dieb schmält.
Horch, – unter uns – den Platz gewechselt und die Hand
gedreht: wer ist Richter, wer Dieb? Sahst du wohl eines
Pächters Hund einen Bettler anbellen? –

GLOSTER. Ja, Herr!

LEAR. Und der Wicht lief vor dem Köter: da konntest du
das große Bild des Ansehns erblicken; dem Hund im
Amt gehorcht man.

Du schuft'ger Büttel, weg die blut'ge Hand!
Was geißelst du die Hure? Peitsch dich selbst;
Dich lüstet heiß mit ihr zu tun, wofür
Dein Arm sie stäupt. Der Wuchrer hängt den Gauner;
Zerlumptes Kleid bringt kleinen Fehl aus Licht,
Talar und Pelz birgt alles. Hüll in Gold die Sünde,
Der starke Speer des Rechts bricht harmlos ab; –
In Lumpen, – des Pygmäen Halm durchbohrt sie.

Kein Mensch ist sündig; keiner, sag ich, keiner;
Und ich verbürg es, wenn – versteh, mein Freund –
Er nur des Klägers Mund versiegeln kann.
Schaff Augen dir von Glas,
Und wie Politiker des Pöbels,[66] tu,
Als sähst du Dinge, die du doch nicht siehst – –
Nun, nun, nun, nun –
Zieht mir die Stiefeln ab! – Stärker, stärker, – so! –

EDGAR. O tiefer Sinn und Aberwitz gemischt! –
Vernunft in Tollheit!

LEAR. Willst weinen über mich, nimm meine Augen.
Ich kenne dich recht gut, dein Nam' ist Gloster –
Gedulde dich, wir kamen weinend an.
Du weißt, wenn wir die erste Luft einatmen,
Schrein wir und winseln. Ich will dir pred'gen:
                    horch! –

GLOSTER. O welcher Jammer!

LEAR. Wir Neugebornen weinen, zu betreten
Die große Narrenbühne – ein schöner Hut![67] –
O feine Kriegslist, einen Pferdetrupp
Mit Filz so zu beschuhn: ich will's versuchen,
Und überschleich ich so die Schwiegersöhne,
Dann schlagt sie tot, tot, tot! – Tot, tot! –
(Ein Edelmann mit Bedienten tritt auf.)

EDELMANN. O hier, hier ist er. Haltet ihn! Mylord,
Eu'r liebstes Kind –

LEAR. Wie, kein Entsatz? Gefangen? Bin ich doch
Der wahre Narr des Glücks. Verpflegt mich wohl,

---

66 *a scurvy politician* (niederträchtiger Schwindler).
67 *block* (Block; Sinn unklar).

Ich geb Euch Lösegeld. Schafft mir 'nen Wundarzt,
Ich bin ins Hirn gehaun.

EDELMANN. Nichts soll Euch fehlen.

LEAR. Kein Beistand, – ganz allein?
Da könnte wohl der Mensch in salz'ge Tränen
Vergehn, wie Kannen seine Augen brauchend,
Des Herbstes Staub zu löschen.

EDELMANN.   Teurer Herr!

LEAR. Brav will ich sterben, wie ein schmucker Bräut'gam;
                                        was?
Will lustig sein; kommt, kommt, ich bin ein König,
Ihr Herren, wisst Ihr das? –

EDELMANN. Ein hoher König und wir folgen Euch.

LEAR. So ist noch nichts verloren. Kommt! wenn Ihr's haschen wollt, so müsst Ihr's durch Laufen haschen. Sa, sa,
sa, sa!

(Er läuft fort.)

EDELMANN. Ein Anblick jammervoll am ärmsten Bettler,
An einem König namenlos. Du hast ein Kind,
Durch das die Welt vom grausen Fluch erlöst wird,
Den zwei auf sie gebracht.

EDGAR. Heil, edler Herr!

EDELMANN.   Seid kurz, mein Freund! Was wollt Ihr?

EDGAR. Vernahmt Ihr, Herr, ob's bald ein Treffen gibt?

EDELMANN. Nun, das ist weltbekannt, ein Jeder weiß es,
Der Ohren hat zu hören.

EDGAR.   Doch erlaubt,
Wie nahe steht der Feind?

EDELMANN.
Nah und in schnellem Anmarsch, stündlich kann
Die Hauptmacht hier sein.

EDGAR. Dank Euch! Das war alles.

EDELMANN.

Weilt gleich die Königin aus Gründen hier,
Ist doch das Heer schon vorgerückt.

EDGAR. Ich dank Euch.

(Edelmann geht ab.)

GLOSTER. Ihr ewig güt'gen Götter, nehmt mein Leben,
Dass nicht mein böser Sinn mich nochmals treibt,
Zu sterben, eh' es Euch gefällt.

EDGAR. So betet
Ihr trefflich, Vater! –

GLOSTER. Nun, mein Freund, wer seid Ihr?

EDGAR.

Der ärmste Mensch, gezähmt durch Schicksalsschläge,
Der durch die Schule selbstempfundnen Grams
Empfänglich ward für Mitleid. – Gebt die Hand mir,
Ich führ' Euch in ein Haus.

GLOSTER. Von Herzen Dank!
Des Himmels Huld und reicher Segen geb'
Euch Lohn auf Lohn! –

(Der Haushofmeister tritt auf.)

HAUSHOFMEISTER. Ein Preis verdient! Willkommen! –
Dein augenloser Kopf ward darum Fleisch,
Mein Glück zu gründen. Alter Hochverräter,
Bedenke schnell dein Heil; das Schwert ist bloß,
Das dich vernichten soll.

GLOSTER. So brauch mit Kraft
Die Freundeshand!

(Edgar setzt sich zur Wehre.)

HAUSHOFMEISTER. Was, frecher Bauer, willst du
Verteid'gen solchen Hochverräter? Fort! –

Dass seines Schicksals Pest nicht auch auf dich
Ansteckend falle. Lass den Arm ihm los.

EDGAR. Will nit los losse, Herr, muss erst anders kumme.

HAUSHOFMEISTER. Lass los, Sklav, oder du stirbst.

EDGAR. Lieber Herr, gehn Eures Wegs und losst arme Leut'
in Ruh. Wann ich mich sollt mit eim große Maul ums
Lebe bringe losse, da hätt' ich's schun vor vierzehn Täg
loswerde künne. Kummt mer dem alte Mann nit nah;
macht Euch furt, rat ich, oder ich will emohl versuche,
was stärker is, Eu'r Hirnkaste oder mei Knippel. Ich sog's
Euch grod' raus.

HAUSHOFMEISTER. Ei du Bauerflegel! –

EDGAR. Ich ward' Euch die Zähne stochern, Herr: was
schiern mich Eure Finte! *(Sie fechten, und Edgar schlägt
ihn zu Boden.)*

HAUSHOFMEISTER. Sklav, du erschlugst mich – Schuft,
           nimm meinen Beutel;
Soll's dir je wohl gehn, so begrabe mich,
Und gib die Briefe, die du bei mir find'st,
An Edmund, Grafen Gloster. Such ihn auf
In Englands Heer – O Tod zur Unzeit – – Tod! –
(Er stirbt.)

EDGAR. Ich kenne dich; ein dienstbeflissner Bube,
Den Lastern der Gebietrin so geneigt,
Als Bosheit wünschen mag.

GLOSTER.   Was, ist er tot?

EDGAR. Hier setzt Euch, Vater, ruht!
(Beiseit.) Lass sehn die Taschen; jene Briefe können
Mir guten Dienst tun. *(Laut.)* Er ist tot; nur schade,
Dass ich sein Henker musste sein. *(Beiseit.)* Lasst
          sehn!

Erlaube, liebes Wachs, und schilt nicht, Sitte:
Man risse ja, des Feindes Sinn zu spähn,
Sein Herz auf; seine Briefe geht schon eher.
(*Er liest den Brief.*) »Gedenkt unsrer gegenseitigen
Schwüre. Ihr habt manche Gelegenheit, ihn aus dem
Wege zu räumen; fehlt Euch der Wille nicht, so werden
Zeit und Ort Euch vielmal günstig sein. Es ist nichts ge-
schehn, wenn er als Sieger heimkehrt; dann bin ich die
Gefangne und sein Bett mein Kerker. Von dessen ekler
Wärme befreit mich und nehmt seinen Platz ein für Eure
Mühe. Eure (Gattin, so möcht' ich sagen) ergebne Die-
nerin Goneril.«
O unenthüllter[68] Raum des Weiberwillens!
Ein Plan auf ihres biedern Mannes Leben,
Und der Ersatz: mein Bruder! – Hier im Sande
Verscharr ich dich, unsel'ger Bote du,
Mordsücht'ger Buhler; und zur rechten Zeit
Bring ich dies frevle Blatt vors Angesicht
Des totumgarnten Herzogs. Wohl ihm dann,
Dass deinen Tod und Plan ich melden kann.
(*Edgar schleppt den Leichnam hinaus.*)

GLOSTER. Der König rast. Wie starr ist meine Seele,
Dass ich noch aufrecht steh und scharf empfinde
Mein schweres Los! Besser, ich wär' verrückt;
Dann wär' mein Geist getrennt von meinem Gram
Und Schmerz in eiteln Phantasien verlöre
Bewusstsein seiner selbst.
(*Edgar kommt zurück.*)

EDGAR.   Gebt mir die Hand.

---

68 *indistinguish'd* (unberechenbar).

Fernher, so scheint mir, hör ich Trommelschlag;
Kommt, Vater! – Zu 'nem Freunde führ ich Euch.
(Sie gehn ab.)

Siebente Szene

Zelt.
(Es treten auf Cordelia, Kent, ein Arzt und ein Edelmann.)

CORDELIA.
　　O teurer Kent, kann all mein Tun und Leben
　　Dir je vergüten? Ist mein Leben doch
　　Zu kurz, und jeder Maßstab allzu klein.
KENT. So anerkannt ist überreich bezahlt.
　　Was ich gesagt, ist alles schlichte Wahrheit,
　　Nicht mehr noch minder.
CORDELIA. 　　　　　　　　Nimm ein bessres Kleid;
　　Die Tracht ist Denkmal jener bittern Stunden,
　　Ich bitt dich, leg sie ab.
KENT. 　　　　　　　　Nein, güt'ge Fürstin;
　　Jetzt schon erkannt sein, schadet meinem Plan.
　　Als Gnade bitt ich, kennt mich jetzt noch nicht,
　　Eh' Zeit und ich es heischen.
CORDELIA. 　　　　　　　　Sei's denn so,
　　Mein werter Lord. *(Zum Arzt.)* Was macht der König?
ARZT. Er schläft noch, Fürstin!
CORDELIA. 　　　　　　　　Güt'ge Götter, heilt
　　Den großen Riss des schwer gekränkten Geistes! –
　　Der Sinne rauhen Missklang, stimmt ihn rein
　　Dem Kind gewordnen Vater! –

ARZT. Gefällt's Eu'r Hoheit,
    Dass wir den König wecken? er schlief lang.
CORDELIA. Folgt Eurer Einsicht und verfahrt durchaus
    Nach eignem Willen. Ist er angekleidet?
    (Diener bringen den schlafenden Lear in einem Sessel
    herein.)
EDELMANN. Ja, gnäd'ge Frau, in seinem tiefen Schlaf
    Versahn wir ihn mit frischen Kleidern.
ARZT. Bleibt, gnäd'ge Kön'gin, bis wir ihn erwecken;
    Ich zweifle nicht an mildrer Stimmung.
CORDELIA. Wohl!
ARZT. Gefällt's Euch, näher! – Lauter die Musik! –
CORDELIA. Mein teurer Vater! O Genesung, gib
    Heilkräfte meinen Lippen; dieser Kuss
    Lindre den grimmen Schmerz, mit dem die
                 Schwestern
    Dein Alter kränkten!
KENT. Güt'ge, liebe Fürstin!
CORDELIA. Warst du ihr Vater nicht, – dies Silberhaar
    Verlangte Mitleid. O war dies ein Haupt,
    Dem Sturm der Elemente preis zu geben?
    Dem lauten, furchtbarn Donner? – Stand zu halten
    Dem höchst graunvollen, schnell beschwingten Flug
    Gekreuzter Blitze?[69] Meines Feindes Hund,
    Und hätt' er mich gebissen, durft' in jener Nacht
    An meinem Feuer stehn – und dir, mein Vater,
    Genügte faules, kurzes Stroh bei Schweinen
    Und vogelfreiem Volk! Ach Gott! Ach Gott!

---

69 In Q folgt: *to watch – poor perdue! – with this thin helm* (zu wachen – armer Verlorener – mit diesem dünnen Helm).

Ein Wunder, dass dein Leben nicht zugleich
Mit deinen Sinnen schied. Er wacht: sprecht zu ihm!
ARZT. Tut Ihr's, Mylady; 's ist am besten.
CORDELIA. Was macht mein königlicher Herr? Wie geht's
Eu'r Majestät? –
LEAR. 's ist Unrecht, dass Ihr aus dem Grab mich nehmt.
Du bist ein sel'ger Geist, ich bin gebunden
Auf einem Feuerrad, das meine Tränen
Durchglühn[70], wie flüssig Blei.
CORDELIA.   Herr! Kennt Ihr mich?
LEAR. Du bist ein Geist, ich weiß es wohl, – wann starbst
du?
CORDELIA. Noch immer weit, weit weg!
ARZT. Er ist kaum wach, lasst ihn ein Weilchen ruhig.
LEAR. Wo war ich denn? Wo bin ich? – Heller Tag? –
Man täuscht mich arg – ich stürbe wohl vor Mitleid,
Erblickt' ich andre so – wie ist mir doch?
Ich will nicht schwören, dies sei meine Hand –
Lass sehn! ich fühle diesen Nadelstich.
Wär' ich doch überzeugt von meinem Zustand! –
CORDELIA. Oh, seht auf mich, Mylord! –
Hebt Eure Hand zum Segen über mich!
Nein, Herr, Ihr müsst nicht knien.
LEAR.   Spottet meiner nicht! –
Ich bin ein schwacher, kind'scher, alter Mann,
Achtzig und drüber: keine Stunde mehr
Noch weniger, und grad heraus,
Ich fürchte fast, ich bin nicht recht bei Sinnen.

70 *that mine own tears / Do scald* (dass meine eigenen Tränen
brennen).

Mich dünkt, ich kenn Euch, kenn auch diesen Mann,
Doch zweifl' ich noch, denn ich begreif es nicht,
An welchem Ort ich bin; all mein Verstand
Entsinnt sich dieser Kleider nicht, noch weiß ich,
Wo ich die Nacht schlief. Lacht nicht über mich,
Denn so gewiss ich lebe,
Die Dame halt ich für mein Kind Cordelia.

CORDELIA. Das bin ich auch! Ich bin's! –

LEAR. Sind deine Tränen nass? Ja, wirklich! Bitte,
O weine nicht!
Wenn du Gift für mich hast, so will ich's trinken,
Ich weiß, du liebst mich nicht; denn deine
Schwestern,
So viel ich mich erinnre, kränkten mich;
Du hattest Grund, sie nicht.

CORDELIA.   Kein Grund! Kein Grund!

LEAR. Bin ich in Frankreich?

CORDELIA. In Eurem eignen Königreich, Mylord!

LEAR. Betrügt mich nicht!

ARZT.   Seid ruhig, hohe Frau!
Die große Wut ist, wie Ihr seht, geheilt;
Doch wär's gefährlich, die verlorne Zeit
Ihm zu erklären. Führt ihn jetzt hinein!
Und stört ihn nicht, bis er sich mehr erholt.

CORDELIA.
Beliebt es Euch, hineinzugehn, mein König?

LEAR. O habt Geduld mit mir! Bitte, vergesst,
Vergebt, denn ich bin alt und kindisch.
(Lear, Cordelia, Arzt und Bediente gehen ab.)

EDELMANN. Bestätigt sich's,
Dass Herzog Cornwall so erschlagen ward?

KENT. Ja, Herr!

EDELMANN. Wer ist der Führer seines Heers?

KENT. Man sagt, der Bastard Glosters.

EDELMANN.   Sein verbannter
    Sohn Edgar, heißt's, lebt mit dem Grafen Kent
    In Deutschland.

KENT.   Das Gerücht ist unverbürgt.
    's ist Zeit, sich umzuschaun, das Heer des Reichs
    Rückt schleunig vor.

EDELMANN. Nun, die Entscheidung wird sehr blutig sein.
    Gehabt Euch wohl!
    (Geht ab.)

KENT. Und meine Schale senkt sich oder steigt,
    Gut oder schlimm, wie jetzt der Sieg sich neigt.
    (Geht ab.)

Fünfter Akt

Erste Szene

Feldlager bei Dover.
(Es treten auf mit Trommeln und Fahnen Edmund, Regan,
Edelleute und Soldaten.)

EDMUND. Den Herzog fragt: ob's bleibt beim letzten Wort,
  Oder, seitdem ihn was bewog, den Plan
  Zu ändern, denn er ist voll Widerspruch
  Und schwankend: meld uns seinen festen Willen.
  (Hauptmann ab.)
REGAN. Der Schwester Boten traf gewiss ein Unfall.
EDMUND. Ich fürcht es, gnäd'ge Frau!
REGAN.   Nun, liebster Graf,
  Ihr wisst, was ich Euch Gutes zugedacht –
  Sagt mir – doch redlich, sagt die lautre Wahrheit –
  Liebt Ihr nicht meine Schwester? –
EDMUND.   Ganz in Ehren.
REGAN. Doch fandet Ihr nie meines Bruders Weg
  Zu der verbotnen Stätte? –
EDMUND.   Falscher Argwohn!
REGAN. Ich fürcht, Ihr seid mit ihr schon längst vereint
  Aufs Innigste, so viel es möglich ist.
EDMUND. Nein, gnäd'ge Frau, auf Ehre.
REGAN. Sie ist mir unerträglich; teurer Lord,
  Seid nicht vertraut mit ihr.
EDMUND.   Das fürchtet nicht,
  Sie und der Herzog, ihr Gemahl –
  (Alhanien, Goneril und Soldaten treten auf.)

GONERIL *(beiseit)*.

> Eh' dass mir diese Schwester ihn entfremdet,
> Möcht ich die Schlacht verlieren.

ALBANIEN.

> Verehrte Schwester, seid uns sehr willkommen. –
> Man sagt, der König kam zu seiner Tochter
> Mit andern, so die Strenge unsrer Herrschaft
> Zur Klage zwang. Ich war noch niemals tapfer,
> Wo ich nicht ehrlich konnte sein; wir fechten,
> Weil Frankreich unser Land hier überzog,
> Nicht, weil's dem König hilft und jenen, welche,
> Aus trift'gem Grunde, fürcht ich, mit ihm halten.

EDMUND. Ihr sprecht sehr jugendlich[71].

REGAN.   Wozu dies Klügeln?

GONERIL. Dem Feind entgegen steht vereint zusammen;

> Für diesen häuslichen besondern Zwist
> Ist jetzt nicht Zeit.

ALBANIEN.   So lasst uns denn den Ratschluss

> Mit Kriegserfahrnen fassen, was zu tun.

EDMUND. Gleich werd ich bei Euch sein in Eurem Zelt.

REGAN. Ihr geht doch mit uns, Schwester?

GONERIL. Nein.

REGAN.

> Der Wohlstand fordert's[72], bitt Euch, geht mit uns.

GONERIL *(beiseit)*. Oho, ich weiß das Rätsel. Ich will gehn.

> *(Da sie gehen wollen, kommt Edgar verkleidet.)*

EDGAR. Sprach Euer Gnaden je so armen Mann,

> Gönnt mir ein Wort.

---

71 Q: *nobly* (edel, ehrenhaft); fehlt in F.
72 *'Tis most convenient* (Es passt sehr gut).

ALBANIEN.   Ich will Euch folgen; redet! –
    (Edmund, Regan, Goneril und Gefolge gehen ab.)

EDGAR. Eh' Ihr die Schlacht beginnt, lest diesen Brief.
    Wird Euch der Sieg, lasst die Trompete laden
    Den, welcher ihn gebracht; so arm ich scheine,
    Kann ich 'nen Kämpfer stellen, zu bewähren,
    Was hier behauptet wird. Doch wenn Ihr fallt,
    Dann hat Eu'r Tun auf dieser Welt ein Ende,
    Und alle Ränke schweigen. Glück mit Euch!

ALBANIEN. Wart noch, bis ich ihn las.

EDGAR.   Das darf ich nicht.
    Wenn's an der Zeit, lasst nur den Herold rufen,
    Und ich erscheine wieder.
    (Er geht ab.)

ALBANIEN. Nun, fahre wohl, ich will den Brief mir ansehn.
    (Edmund kommt zurück.)

EDMUND. Der Feind ist nah, zieht Eure Macht zusammen,
    Hier ist die Schätzung seiner Stärk' und Macht
    Nach der genausten Kundschaft; doch Eu'r Eilen
    Tut dringend not.

ALBANIEN.   So folgen[73] wir der Zeit.
    (Geht ab.)

EDMUND.
    Den beiden Schwestern schwur ich meine Liebe,
    Und beide hassen sich, wie der Gestochne
    Die Natter. Welche soll ich nehmen? Beide?
    Ein' oder Keine? – Keiner werd ich froh,
    Wenn beide leben. Mir die Witwe nehmen,
    Bringt Goneril von Sinnen, macht sie rasend,

---

73 *we will greet the time* (wir wollen die Zeit begrüßen).

Und schwerlich komm ich je zu meinem Ziel,
So lang' ihr Gatte lebt. Gut, nutzen wir
Sein Ansehn in der Schlacht; ist die vorüber,
Mag sie, die gern ihn los wär', weiter sinnen,
Ihn schnell hinwegzuräumen. Die Begnad'gung,
Die er für Lear im Sinn hat und Cordelia –
Wenn wir gesiegt und sie in unsrer Macht,
Vereitl' ich solch Verzeihn. Nicht müß'ger Rat
Ziemt meiner Stellung, nein, entschlossne Tat.
(Geht ab.)

Zweite Szene

Ebendaselbst.
(Feldgeschrei hinter der Bühne. Es kommen mit Trommeln
und Fahnen Lear, Cordelia und Soldaten, und ziehen über
die Bühne. Edgar und Gloster treten auf.)

EDGAR. Den kühlen Schatten dieses Baumes nehmt
Als gute Herberg' an; fleht hier um Sieg des Rechts.
Wenn ich zu Euch je wiederkehre, Vater,
Bring ich Euch Trost.
GLOSTER.   Begleit Euch Segen, Herr!
(Edgar geht ab.)
(Getümmel, Schlachtgeschrei; es wird zum Rückzug
geblasen.)
(Edgar kommt zurück.)
EDGAR. Fort, alter Mann, gebt mir die Hand, hinweg! –
Lear ist besiegt, gefangen samt der Tochter.
Gebt mir die Hand: nur fort! –

GLOSTER.
    Nicht weiter, Freund! Man kann auch hier verfaulen.
EDGAR.
    Was? Wieder Schwermut? Dulden muss der Mensch
    Sein Scheiden aus der Welt wie seine Ankunft:
    Reif sein ist alles. Kommt!
GLOSTER.   Wohl ist dies wahr.
    (Sie gehn ab.)

    Dritte Szene

Das britische Lager bei Dover.
(Edmund tritt als Sieger auf, mit Trommeln und Fahnen.
Lear und Cordelia als Gefangene. Offiziere, Soldaten und
andere.)

EDMUND. Hauptleute, führt sie weg! In strenge Haft,
    Bis deren höchster Wille wird verkündet,
    Die ihre Richter.
CORDELIA.   Ich bin nicht die Erste,
    Die, Gutes wollend, dulden muss das Schwerste.
    Dein Unglück, Vater, beugt mir ganz den Mut.
    Sonst übertrotzt' ich wohl des Schicksals Wut.
    Sehn wir nicht diese Töchter? Diese Schwestern?
LEAR. Nein, nein, nein, nein! Kommt fort! Zum Kerker,
                        fort! –
    Da lass uns singen[74], wie Vögel in dem Käfig.
    Bittst du um meinen Segen, will ich knien

74 *we two alone* (wir beide allein).

Und dein Verzeihn erflehn; so wolln wir leben,
Beten und singen, Märchen uns erzählen,
Und über goldne Schmetterlinge lachen.
Wir hören armes Volk vom Hofe plaudern,
Und schwatzen mit; wer da gewinnt, verliert;
Wer in, wer aus der Gunst; und tun so tief
Geheimnisvoll, als wären wir Propheten
Der Gottheit: und so überdauern wir
Im Kerker Ränk' und Spaltungen der Großen,
Die ebben mit dem Mond und fluten.

EDMUND. Führt sie fort!

LEAR. Auf solche Opfer, o Cordelia, streun
Die Götter selbst den Weihrauch. Hab ich dich?
Wer uns will trennen, muss mit Himmelsbränden
Uns scheuchen wie die Füchse. Weine nicht!
Die Pest soll sie verzehren, Fleisch und Haut,
Eh' sie uns weinen machen – nein, eh' sollen sie
Verschmachten! Komm!

(Lear und Cordelia werden von der Wache abgeführt.)

EDMUND.   Tritt näher, Hauptmann, horch!
Nimm dieses Blatt, folg ihnen in den Kerker.
Schon eine Stuf' erhöht' ich dich, und tust du,
Wie dies verlangt, so bahnst du deinen Weg
Zu hohen Ehren. Merke dir's, der Mensch
Ist wie die Zeit; zartfühlend sein geziemt
Dem Schwerte nicht. Dein wichtiges Geschäft
Erlaubt kein Fragen; sag, du willst es tun,
Sonst such dir andres Glück.

HAUPTMANN.   Ich bin bereit.

EDMUND.
So tu's, und sei beglückt, wenn du's vollbracht.

        Doch – hörst du – gleich!
        Wie ich dir's niederschrieb.
HAUPTMANN.
        Ich kann den Karrn nicht ziehn noch Hafer essen,
        Ist's menschenmöglich, will ich's tun.
        (*Er geht ab.*)
        (*Trompeten. Albanien, Goneril, Regan und Soldaten
        treten auf.*)
ALBANIEN. Herr, Ihr habt heut viel Tapferkeit bewiesen
        Und hold war Euch das Glück. In Eurer Haft
        Sind, die uns feindlich heut entgegenstanden.
        Wir fordern sie von Euch, und wolln sie halten,
        Wie's ihr Verdienst und unsre Sicherheit
        Gleichmäßig heischen.
EDMUND.   Herr, ich hielt für gut,
        Den alten, schwachen König in Gewahrsam
        Und sichre Hut bewacht hinwegzusenden.
        Sein Alter wirkt, sein Rang noch mehr, wie Zauber,
        Ihm der Gemeinen Herzen zu gewinnen,
        Und die geworbnen Lanzen wider uns,
        Die Herrn, zu kehren. Mit ihm ward Cordelia
        Aus gleichem Grund entfernt; sie sind bereit
        Auf morgen oder später zu erscheinen,
        Wo Ihr die Sitzung haltet. Jetzt bedeckt
        Uns Schweiß und Blut; der Freund verlor den
                                    Freund,
        Und in der Hitze flucht' dem besten Kampf,
        Wer seine Schärfe fühlte. Doch die Frage
        Wegen des Königs und Cordeliens heischt
        Wohl eine bessre Stunde.
ALBANIEN.   Herr, erlaubt,

> Ich acht Euch nur als Diener dieses Kriegs,
> Als Bruder nicht.

REGAN.   Das ist, wie's u n s beliebt.
> Mich dünkt, Ihr solltet unsern Wunsch erst fragen,
> Eh' Ihr dies spracht. Er führte unser Heer,
> Vertrat uns selbst und unsre höchste Würde,
> Und kraft so hoher Vollmacht darf er aufstehn,
> Und Euch als Bruder grüßen.

GONERIL.   Nicht so hitzig,
> Sein eigner Wert hat höher ihn geadelt,
> Als deine Übertragung.

REGAN.   In mein Recht
> Durch mich gekleidet, weicht er nicht dem Besten.

ALBANIEN. D a s höchstens nur, wenn er sich Euch
>   vermählte.

REGAN. Aus Spöttern werden oft Propheten.

GONERIL.   Holla!
> Das Aug', mit dem Ihr das gesehen, schielte.

REGAN. Lady, mir ist nicht wohl, sonst gäb' ich dir
> Aus vollem Herzen Antwort. General,
> Nimm hin mein Heer, Gefangne, Land und Erbteil,
> Schalt über sie und mich; du hast nun alles;[75]
> Bezeug's die Welt, dass ich dich hier erhebe
> Zu meinem Herrn und Ehgemahl.

GONERIL.   Wie, hoffst du, ihn zu besitzen?

ALBANIEN. Dein guter Wille wird es nicht verhindern.

EDMUND. Noch Eurer, Herr!

ALBANIEN.   Halbbürt'ger Bursche, ja!

75 *the walls are thine* (die Mauern gehören dir; du hast mich er-
   obert).

REGAN.

    Die Trommeln rührt! – Verficht mein Recht als deins.

ALBANIEN. Halt! Hört ein Wort! Edmund, um Hochverrat

    Verhaft ich dich[76] und diese goldne Schlange. *(Auf*
                      Goneril deutend.)

    Was Euern Anspruch anlangt, schöne Schwester,

    Ich muss ihn hindern Namens meiner Frau.

    Die Dam' ist insgeheim dem Lord verlobt,

    Und ich, ihr Mann, vernicht' Eu'r Aufgebot.

    Sucht Ihr 'nen Gatten, schenkt Eu'r Lieben mir,

    Mein Weib ist schon versagt.

GONERIL.   Ein Zwischenspiel!

ALBANIEN.

    Du bist in Waffen, Gloster – blast, Trompeten.

    Kommt niemand, dich ins Angesicht zu zeihn

    Verruchten, offenbaren Hochverrats –

    Hier ist mein Pfand, aufs Haupt beweis ich's dir,

    Eh' Brot mein Mund berührt, du seist das alles,

    Wofür ich dich erklärt.

REGAN.   Krank! ich bin krank!

GONERIL *(beiseit).* Wenn nicht, so trau ich keinem Gift.

EDMUND. Hier ist mein Gegenpfand! Wer in der Welt

    Mich Hochverräter nennt, lügt wie ein Schurke.

    Trompeten, blast! Wer zu erscheinen wagt,

    An ihm, an Euch, an jedem sonst behaupt ich

    Fest meine Ehr' und Treu'.

ALBANIEN.   Ein Herold, ho!

    (Ein Herold tritt auf.)

    Vertrau allein dem eignen Arm; dein Heer,

---

76 Es fehlt: *in thy attaint* (auf deine Anschuldigungen hin).

Wie ich's auf meinen Namen warb, entließ ich's
In meinem Namen.
REGAN.   Diese Krankheit wächst! –
ALBANIEN. Ihr ist nicht wohl; geht, führt sie in mein Zelt!
    (Regan wird weggebracht.)
    Herold, tritt vor! Lass die Trompete blasen!
    Und lies dies laut!
    (Die Trompete wird geblasen; der Herold liest:) Wenn ir-
gend ein Mann von Stand oder Rang im Heer wider Ed-
mund, den angeblichen Grafen von Gloster, behaupten
will, er sei ein vielfacher Verräter, der erscheine beim
dritten Trompetenstoß; er ist bereit, sich zu verteidigen.
EDMUND. Blase!
HEROLD. Noch einmal! – Noch einmal! –
    *(Eine andere Trompete antwortet hinter der Bühne;
    darauf tritt Edgar bewaffnet auf; ein Trompeter geht
    ihm voran.)*
ALBANIEN. Fragt, was er will, warum er hier erscheint
    Auf der Trompete Ladung?
HEROLD.   Wer seid Ihr?
    Eu'r Nam', Eu'r Stand? Warum antwortet Ihr
    Auf diese Ladung?
EDGAR.   Wisst, mein Nam' erlosch,
    Zernagt vom giftgen Zahne des Verrats;
    Doch bin ich edel wie mein Widerpart,
    Dem ich Kampf biete.
ALBANIEN.   Welchem Widerpart?
EDGAR. Wer stellt sich hier für Edmund Grafen Gloster? –
EDMUND. Er selbst, was willst du ihm?
EDGAR.   So zieh dein Schwert,
    Dass, wenn mein Wort ein edles Herz verletzt,

Dein Arm dir Recht verschafft: hier ist das meine. –
Denn also ist das Vorrecht meines Standes,
Des Ritterschwures und Berufs: dich zeih ich
Trutz deiner Stärke, Jugend, Würd' und Hoheit,
Trutz deinem Siegerschwert und neuem Glück,
Wie Kraft und Mut dich ziert – du seist Verräter;
Falsch deinen Göttern, deinem Bruder, deinem Vater,
Rebellisch diesem hocherlauchten Fürsten,
Und von dem höchsten Wirbel deines Haupts,
Zu deiner Sohle tiefstem Staub herab
Ein krötengiftger Bube. Sagst du N e i n !
Dies Schwert, mein Arm, mein bester Mut sind
                          fertig,
Was ich gezeugt, aufs Haupt dir zu beweisen:
Du l ü g s t !

EDMUND.
Nach Vorsicht sollt' ich deinen Namen forschen;
Doch weil dein Äuß'res also schmuck und krieg'risch
Und Ritterschaft aus deiner Rede spricht, –
Was ich mit Fug und Vorsicht wohl verweigert,
Nach Recht des Zweikampfs, das will ich verachten.
In deine Zähne schleudr' ich den Verrat,
Werf dir ins Herz zurück die Höllenlüge,
Der (denn sie streifte nur und traf mich kaum)
Mein Schwert sogleich die Stätte bahnen wird,
Wo sie auf ewig ruhn soll. Blast, Trompeten! –
(Getümmel; sie fechten: Edmund fällt.)

ALBANIEN. O rettet ihn!

GONERIL.   Du fielst durch Hinterlist,
Nach Recht des Zweikampfs warst du nicht
                        verpflichtet

Dem unbekannten Gegner; nicht besiegt,
Getäuscht, betrogen bist du.

ALBANIEN. Weib, schweigt still,
Sonst stopft dies Blatt den Mund Euch.
(Zu Edmund.) Seht hierher!
(Zu Goneril.) Du Schändlichste! Lies deine Untat
hier:
Zerreißt es nicht! Ich seh, Ihr kennt dies Blatt.
(Er gibt den Brief an Edmund.)

GONERIL.
Und wenn auch, ist das Reich doch mein, nicht dein;
Wer darf mich richten?

ALBANIEN. Scheusal! Also kennst du's?

GONERIL. Frag mich nicht, was ich kenne.
(Sie geht ab.)

ALBANIEN. Geh, folg ihr; sie ist außer sich: bewacht sie!

EDMUND. Wes du mich angeklagt, ich hab's getan,
Und mehr, weit mehr; die Zeit enthüllt es bald, –
Sie ist am Schluss und so auch ich. Doch wer bist du,
Der so mir obgesiegt? Bist du ein Edler,
Vergeb ich dir.

EDGAR. Lass uns Erbarmung tauschen.
Ich bin an Blut geringer nicht als du;
Wenn mehr, so mehr auch hast du mich verletzt.
Edgar heiß ich, bin deines Vaters Sohn.
Die Götter sind gerecht: aus unsern Lüsten
Erschaffen sie das Werkzeug, uns zu geißeln.
Der dunkle, sünd'ge Ort, wo er dich zeugte,
Bracht' ihn um seine Augen.

EDMUND. Wahr, o wahr! –
Ganz schlug das Rad den Kreis, ich unterliege.

ALBANIEN.
>Mir schien dein Gang schon königlichen Adel
>Zu kündigen; ich muss dich hier umarmen.
>Gram spalte mir das Herz, hasst' ich jemals
>Dich oder deinen Vater.

EDGAR. Würd'ger Fürst,
>Das weiß ich.

ALBANIEN. Doch, wo waret Ihr verborgen?
>Wie kam Euch Kunde von des Vaters Elend?

EDGAR. Indem ich's pflegte. – Hört ein kurzes Wort;
>Und ist's erzählt, o bräche dann mein Herz! –
>Der blut'gen Achtserklärung zu entgehn,
>Die mir so nah war – o wie süß das Leben!
>Dass stündlich wir in Todesqualen sterben
>Lieber als Tod mit Eins! – verhüllt' ich mich
>In eines Tollen Lumpen; nahm ein Ansehn,
>Dass Hunde selbst mich scheuten; so entstellt,
>Fand ich den Vater mit den blut'gen Ringen,
>Beraubt der edlen Steine; ward sein Leiter,
>Führt' ihn und bettelte für ihn, und schützt' ihn
>Vor Selbstmord – nie, o Gott![77] – gab ich mich kund,
>Bis ich vor einer halben Stund' in Waffen,
>Nicht sicher, doch voll Hoffnung dieses Siegs,
>Um seinen Segen fleht', und von Beginn
>Zum Ende meine Pilgerschaft erzählte;
>Doch sein zerspaltnes Herz – ach schon zu schwach,
>Den Kampf noch auszuhalten zwischen Schmerz
>Und Freud' – im Übermaß der Leidenschaft
>Brach lächelnd.

77 *o fault!* (o Fehler!)

EDMUND. Deine Red' hat mich gerührt,
      Und wirkt wohl Gutes; aber sprich nur weiter –
      Es scheint, als hättst du mehr zu sagen noch.
ALBANIEN.
      Ist es noch mehr, mehr leidvoll noch, so schweig,
      Denn ich bin nah daran, mich aufzulösen,
      Dies hörend.
EDGAR.   Dies erschien als Höchstes wohl
      Dem, der den Gram nicht liebt; jedoch ein andres,
      Noch steigernd, was zu viel schon, überragt
      Das alleräußerste.
      Als ich laut schrie vor Schmerz, da kam ein Mann,
      Der mich gesehn in meinem tiefsten Elend,
      Und meine schreckliche Gesellschaft floh:
      Nun aber, da er hörte, wer es sei,
      Der dies ertrug, schlug er die starken Arme
      Mir um den Hals, und heulte laut
      Zum Himmel auf, als wollt' er ihn zersprengen;
      Warf sich auf meinen Vater hin, erzählte
      Von sich und Lear die kläglichste Geschichte,
      Die je ein Ohr vernahm; im Sprechen ward
      Sein Schmerz so übermenschlich, dass die Stränge
      Des Lebens rissen, – da zum zweiten Male
      Klang die Trompet', ich ließ ihn halb entseelt.
ALBANIEN. Doch wer war dieser?
EDGAR.
      Kent, der verbannte Kent, der in Verkleidung
      Nachfolgte dem ihm feindgesinnten König,
      Und Dienste tat, die keinem Sklaven ziemten.
      *(Ein Edelmann kommt in voller Eile mit einem blutigen
      Messer.)*

EDELMANN. Helft, helft, o helft!

EDGAR. Wem helfen?

ALBANIEN. Sagt uns an! –

EDGAR. Was meint der blut'ge Dolch?

EDELMANN. Er raucht, ist heiß;
Er kommt frisch aus dem Herzen – o sie ist tot! –

ALBANIEN. Wer tot? Sprich, Mann!

EDELMANN. Herr, Eure Gattin; ihre Schwester ist
Von ihr vergiftet: sie bekannt' es selbst.

EDMUND. Ich war verlobt mit beiden, alle drei
Vermählt jetzt ein Moment.
(Kent tritt auf.)

EDGAR. Hier kommt auch Kent.

ALBANIEN. Bringt sie hierher uns, lebend oder tot.
*(Gonerils und Regans Leichen werden
hereingetragen)*
Dies Strafgericht des Himmels macht uns zittern,
Rührt unser Mitleid nicht.
O ist er das? – Die Zeit verstattet nicht
Empfang, wie ihn die Sitte heischt.

KENT. Ich kam,
Um gute Nacht auf immer meinem König
Und Herrn zu sagen. Ist er nicht hier? –

ALBANIEN. So Großes ward vergessen! –
Sprich, Edmund, wo ist Lear? Wo ist Cordelia?
Siehst du den Vorgang, Kent?

KENT. Ach, warum so?

EDMUND. Edmund ward doch geliebt!
Die eine gab um mich der andern Gift,
Und dann sich selbst den Tod.

ALBANIEN. So ist's. – Verhüll ihr Antlitz!

EDMUND. Nach Leben ring ich. Gutes möcht ich tun,
    Trotz meiner eignen Art. Schickt ungesäumt –
    O eilt Euch! – auf das Schloss: denn mein Befehl
    Geht auf des Königs und Cordeliens Leben.
    Ich sag Euch, zögert nicht!
ALBANIEN.   Lauft, lauft, o lauft!
EDGAR. Zu wem, Mylord? Wer hat den Auftrag? Schickt
    Ein Pfand des Widerrufs!
EDMUND. Sehr wohl bedacht, hier nimm mein Schwert,
    Und gib's dem Hauptmann.
EDGAR.   Eil dich, um dein Leben!
    (Ein Offizier geht ab.)
EDMUND. Er hat Befehl von deinem Weib und mir,
    Cordelien im Gefängnis aufzuhängen,
    Und der Verzweiflung dann die Schuld zu geben,
    Dass sie sich selbst entleibt.
ALBANIEN. Die Götter schützen sie! Tragt ihn hinweg!
    (Edmund wird weggetragen.)
    *(Lear kommt, seine Tochter Cordelia tot in den Armen
    tragend.)*
LEAR.
    Heult, heult, heult, heult! O ihr seid all' von Stein!
    Hätt' ich Eu'r Aug' und Zunge nur, mein Jammer
    Sprengte des Himmels Wölbung! – Hin auf immer!
    Ich weiß, wenn einer tot und wenn er lebt:
    Tot wie die Erde. Gebt 'nen Spiegel her;
    Und wenn ihr Hauch die Fläche[78] trübt und streift,
    Dann lebt sie.
KENT.   Ist dies das verheißne Ende?

78 *the stone* (den Edelstein).

EDGAR. Sind's Bilder jenes Grauns?
ALBANIEN.   Brich, Welt, vergeh! –
LEAR. Die Feder regte sich, sie lebt! O lebt sie,
    So ist's ein Glück, das allen Kummer tilgt,
    Den ich jemals gefühlt.
KENT *(kniend).*   O teurer Herr! –
LEAR. Fort, sag ich dir!
EDGAR.   's ist Kent, Eu'r edler Freund.
LEAR. Fluch über euch, Verräter, Mörder, all'! –
    Ich konnt' sie retten; nun dahin auf immer!
    Cordelia, Cordelia! Wart ein wenig, ha!
    Was sprachst du? – Ihre Stimme war stets sanft,
    Zärtlich und mild; ein köstlich Ding an Fraun –
    Ich schlug den Sklaven tot, der dich gehängt.
KENT. 's ist wahr, Mylords, er tat's.
LEAR.   Tat ich's nicht, Bursch?
    Einst war die Zeit, wo sie mein gutes Schwert
    Wohl hätte springen machen. Nun bin ich alt,
    Und all' dies Leid bringt mich herab. – Wer bist du?
    Mein Aug' ist nicht das beste; ich weiß es gleich. –
KENT. Rühmt sich Fortuna zweier, die sie liebte
    Und hasste, – einen sehn wir hier.
LEAR. O wunderbarer[79] Anblick! – bist du nicht Kent?
KENT. Ich bin dein Diener Kent; doch wo ist Cajus? –
LEAR.
    Das ist ein wackrer, treuer Bursch, das glaubt mir;
    Der schlägt und säumt nicht. – Er ist tot und fault.
KENT. Nein, teurer Fürst; ich selber bin der Mann.
LEAR. Das will ich sehn, –

79 *dull* (trüb, trostlos).

KENT. Der gleich seit Eurem Abweg und Verfall
    Folgt' Eurer finstern Bahn.
LEAR.   Willkommen hier!
KENT. Nein, Keiner wohl! – trüb' alles, tot und trostlos! –
    Eure ältern Töchter legten Hand an sich,
    Und starben in Verzweiflung.
LEAR.   Ja, das denk ich.
ALBANIEN. Er weiß nicht, was er sagt; es ist vergeblich,
    Dass wir uns ihm verständ'gen.
EDGAR.   Ganz umsonst.
    (Ein Hauptmann kommt.)
HAUPTMANN. Edmund ist tot, Mylord!
ALBANIEN.   Das ist hier Nebensache.
    Ihr Freund' und edeln Lords, hört unsern Willen:
    Was Trost verleihn kann so gewalt'gen Trümmern,
    Das sei versucht. Wir selbst entsagen hier
    Zugunsten dieser greisen Majestät
    Der Herrschermacht. *(Zu Edgar.)* Ihr tretet in Eu'r
                          Recht
    Mit Ehr' und Zuwachs, wie es Eure Treu'
    Mehr als verdient hat. Alle Freunde sollen
    Den Lohn der Tugend kosten, alle Feinde
    Den Kelch der Missetat. O seht, o seht! –
LEAR.
    Und tot mein armes Närrchen? – Nein! Kein Leben!
    Ein Hund, ein Pferd, 'ne Maus soll Leben haben,
    Und du nicht einen Hauch? – Oh, du kehrst nimmer
                       wieder,
    Niemals, niemals, niemals, niemals, niemals! –
    Ich bitt Euch, knöpft hier auf! – Ich dank Euch,
                       Herr!

Seht Ihr dies? Seht sie an! – Seht ihre Lippen,
Seht hier, – seht hier!
(Er stirbt.)

EDGAR. Er[80] schwindelt, – o mein König! –

KENT. Brich, Herz, ich bitt dich, brich!

EDGAR.   Blick auf, mein König!

KENT. Quält seinen Geist nicht! Lasst ihn ziehn! Der hasst
ihn,
Der auf die Folter dieser zähen Welt
Ihn länger spannen will.

EDGAR.   O wirklich tot! –

KENT. Das Wunder ist, dass er's ertrug so lang:
Sein Leben war nur angemaßt.

ALBANIEN. Tragt sie hinweg! Was uns zunächst erfüllt,
Ist allgemeine Trauer. *(Zu Kent und Edgar.)*
                    Herrscht ihr beiden,
Geliebten Freunde; heilt des Staates Leiden.

KENT. Ich muss zur Reise bald gerüstet sein;
Mein Meister ruft, ich darf nicht sagen: nein!

ALBANIEN. Lasst uns, der trüben Zeit gehorchend, klagen,
Nicht, was sich ziemt, nur, was wir fühlen, sagen.
Dem Ält'sten war das schwerste Los gegeben,
Wir Jüngern werden nie so viel erleben.
(Sie gehn mit einem Totenmarsche ab.)

80 ihm.

Zu dieser Ausgabe

»Die Textüberlieferung von *King Lear* ist überaus verzwickt und stellt die Herausgeber vor Aufgaben, die unlösbar sind, da das Stück in zwei Versionen vorliegt, die erheblich voneinander abweichen« (Ulrich Suerbaum, *Der Shakespeare-Führer*). Es handelt sich um eine Quarto-Ausgabe (Q1), die erstmals 1608 im Druck erschien, und die Gesamtausgabe der Werke Shakespeares von 1623, nach dem Format »Folio« (F) genannt. Eine zweite Quarto-Ausgabe (Q2) ist praktisch ein Nachdruck von Q1 und hat für die Textüberlieferung nur marginale Bedeutung.

Während F wesentlich weniger Fehler aufweist als Q1, also den »besseren« Text bietet, bleibt festzuhalten, dass F zwar etwa 100 Zeilen enthält, die sich nicht in Q finden, Q dafür aber etwa 300 Zeilen hat, die in F fehlen. Die modernen Einzel- und Gesamtausgaben, die hier verglichen wurden, kombinieren den Textbestand von Q1 und F unter Vermeidung der zahlreichen offensichtlichen Fehler beider Ausgaben. Das gilt auch für die Bühnenanweisungen. Die komplizierte Überlieferungslage hat allerdings auch dazu geführt, dass die neue Oxford-Ausgabe von Stanley Wells und Gary Taylor den Quarto-Text und die Folio-Version separat abdruckt.

Grundlage der vorliegenden Edition ist die Übersetzung von Wolf Heinrich Graf Baudissin in der Fassung der Schlegel-Tieck-Baudissin-Gesamtausgabe von 1843. Die Interpunktion wurde weitestgehend beibehalten, die Orthographie sehr behutsam modernisiert. Stellen, die Baudissin teils unbeabsichtigt, teils aus metrischem Zwang, teils aufgrund heute verworfener Lesarten (z. B. Konjekturen) nicht korrekt übersetzte, erscheinen als Fußnoten und in möglichst wörtlicher Übersetzung des Herausgebers. Daneben bietet gerade dieser Text Shakespeares eine Reihe interpretatorischer Schwierigkeiten, die sowohl im Original als auch in der Übersetzung zu diskutieren wären. Das kann jedoch nicht in dieser Ausgabe geschehen, die einerseits auf einen einfachen Lesetext zielt, andererseits den inzwischen klassischen Text Baudissins unverfälscht bewahren möchte.

King Lear dürfte zwischen 1603 und 1606 geschrieben worden sein. Eine Aufführung ist für den Weihnachtstag 1606 in Whitehall belegt (»Master William Shakespeare his historye of Kinge Lear«, heißt es im Stationers' Register). Das Stück war offenbar (ziemlich) neu. Als Quellen für den viel bearbeiteten alten Stoff standen Shakespeare Holinsheds *Chronicles*, der *Mirror of Magistrates* und Spensers *Fairy Queen* bereit. Daneben gab es das anonyme Drama *The True Chronicle History of King Leir* von 1594 mit einem »guten Ende«. Die Gloster-Handlung lässt sich auf Sir Philip Sidneys *Arcadia* (1590/1593) zurückführen. Die Verknüpfung der Plots, die intensive Verarbeitung der großen Themen Undankbarkeit, Wahnsinn, Alter, Hass unter Geschwistern, Vasallentreue und Verrat, Machtpolitik etc. in einer gewaltigen Wortkulisse zeigen Shakespeare auf der höchsten Stufe seiner dramatischen Kunst.

Das englische Theater des 17. und 18. Jahrhunderts wusste mit Shakespeares realistischen Grausamkeiten nicht viel anzufangen; es zog die Bearbeitung von Nahum Tate (1681) mit Happy End vor. Erst ab dem 19. Jahrhundert eroberte die Tragödie die Bühnen zurück, was nicht zuletzt überragenden Schauspielern in der Titelrolle zu danken war. Dies trifft im übrigen auch für die Theaterhäuser diesseits des Kanals zu. Die Wirkung von *King Lear* auf die (Welt-)Geschichte des Theaters und der Literatur überhaupt kann hier nicht einmal angedeutet werden. Kein Shakespeare-Drama ist zudem häufiger von der Literaturwissenschaft behandelt worden.

Hingewiesen sei auf die kommentierte zweisprachige Ausgabe von *King Lear / König Lear* in Reclams Universalbibliothek Nr. 9444. Eine neuere Interpretation des Dramas findet sich in *Interpretationen: Shakespeares Dramen* (Reclams Universal-Bibliothek Nr. 17513).

DK